국제제자훈련원은 건강한 교회를 꿈꾸는 목회의 동반자로서 제자 삼는 사역을 중심으로
성경적 목회 모델을 제시함으로 세계 교회를 섬기는 전문 사역 기관입니다.

다르게 사는 사람들

이것이 제자의 삶이다 4 - 그리스도인의 자존심

초판 1쇄 발행 1997년 8월 25일
초판 13쇄 발행 2016년 9월 13일

지은이 옥한흠

펴낸이 박주성
펴낸곳 국제제자훈련원
등록번호 제2013-000170호(2013년 9월 25일)
주소 서울시 서초구 효령로68길 98(서초동)
전화 02)3489-4300 **팩스** 02)3489-4329
이메일 dmipress@sarang.org

저작권자 (C) 옥한흠, 1997, Printed in Korea.
이 책은 저작권법에 의해 보호를 받는 저작물이므로 저자와 출판사의 허락 없이
내용의 일부를 인용하거나 발췌하는 것을 금합니다.

ISBN 89-88850-40-8   03230

※ 책값은 뒤표지에 있습니다. 잘못된 책은 구입하신 곳에서 교환해드립니다.

다르게 사는 사람들
이것이 제자의 삶이다 4

그리스도인의 자존심

옥한흠 글

국제제자훈련원

■ 서 문

언젠가 내가 읽은 한 토막의 이야기가 생각난다. 어떤 농부가 어린 독수리 새끼를 잡아 집에서 키우게 되었다. 뒷마당에 있는 닭장 안에 가두어 두고 날마다 먹이를 주면서 돌보고 있었는데 그 독수리 새끼는 하루가 다르게 잘 자랐다. 그러나 그 행동거지가 닭을 닮아 가고 있었다. 하루 종일 땅만 쳐다보며 돌아다니는가 하면 무엇인가를 쪼아 먹는 시늉을 하면서 노는 것이었다.

어느 날, 독수리가 많이 서식하고 있는 지방에서 목장을 경영하고 있는 친구가 그 집을 방문하여 닭처럼 이리 기웃 저리 기웃하며 돌아다니고 있는 이 독수리를 보게 되었다. 그는 독수리를 하도 많이 보고 산 사람이라 진짜 독수리라면 저럴 수가 없다고 생각하였다. 그래서 주인과 의논하여 한번 시험을 해보기로 하였다.

두 사람은 독수리를 가지고 뒷산으로 올라가 큰 바위에다 내려놓았다. 푸른 하늘과 확 트인 광활한 들판을 얼마 동안 쳐다보던 독수리는 거침없이 날개짓을 하면서 날아오르기 시작하였다. 그리고 다시는 그들에게 돌아오지 않았다. 그 새는 독수리이지 닭이 아니었기 때문이다.

나는 이렇게 질문하고 싶다. 다양한 문화와 상대적인 가치관이 엄청난 영향을 끼치고 있는 현대 사회 속에 갇혀 사는 우리에게 정말 자존심이라는 것이 남아 있는가? 내가 누구이며 무엇을 위해 살고 있는가를 분명하게 자각하고 있는가? 그리고 이 자존심 때문에 세상 사람들과 구별되는 우리의 정체성을 보여 주고 있는가? 행여나 닭의 행세를 하면서 살고 있는 독수리가 아닌가?

우리 모두는 이 질문들을 마음에 담고 정직하게 대답할 필요가 있다고 생각한다. 왜냐하면 시간이 흐를수록 많은 사람한테서 그리스도인의 정체성이 흐려지고 있는 것을 보기 때문이다. 교회 밖에서 독수리인지 닭인지 분간하기가 어려운 처신을 하는 자들이 자꾸만 늘어나고 있는 것처럼 보이기 때문이다.

우리가 잘 아는 것처럼 누구든지 예수를 구주로 고백하는 것은 곧 자기 자신을 세상 사람과 차별화시키는 엄숙한 결단을 의미한다. 이 차별화는 즉시 거룩한 자존심으로 자리매김을 하여 우리의 마음과 언동을 지배하는 원리로 작용하게 된다. 따라서 이 세대를 본받지 않고 하나님의 뜻에 순종하고자 하는 강한 의지를 가지게 된다. 그러므로 그리스도인은 자신의 거룩한 자존심을 해치는 일을 함부로 할 수 없게 된다.

영생을 선물로 받은 우리가 어찌 자존심을 잃어 버리고 세상에 아부할 수 있는가? 하나님 나라의 왕자가 무엇이 부족해서 세상 사람들의 상에서 떨어지는 떡 부스러기를 구걸할 수 있겠는가? 왕 같은 제사장이 어떻게 소돔 고모라의 거리에서 취하여 비틀거릴 수 있는가? 자존심이 조금이라도 있다면 절대로 이렇게 살 수 없을 것이다.

어느 정신과 의사의 글을 보니 최근에 자존심을 다쳐서 병원을 찾는 환자가 늘어나고 있다고 한다. 자존심이란 자기 수용, 자기 인정, 자기 존중의 태도인데 자존심이 상처를 입으면 커다란 분노가 일어난다고 한다. 그 분노가 밖으로 터지면 남에게 상처를 입히지만 자기 내부로 향하면 불면증, 의욕 상실, 우울증, 죄책감 등의 증세를 유발한다고 한다.

나는 이 글을 읽으면서 '자존심을 다치고 환자가 되는 편이 그렇지 못한 편보다 낫지 않겠는가' 하는 생각을 해보았다. 에서가 잠깐 동안의 배고픔을 참지 못해 죽 한 그릇에 장자 명분을 팔아먹듯이, 그리스도인으로서의 자존심을 잊고 잠시 잠깐 누리는 낙을 위해 세상과 타협하고 불의 앞에 무릎 꿇고 하찮은 것들을 놓고 희비가 교차되는 생활을 태연하게 할 수 있다면, 그럼에도 아무 이상이 나타나지 않는다면 어찌 이것을 정상이라고 할 수 있겠는가? 차라리 부끄러워하고 억울해 하고 탄식하고 그래도 분이 가라앉지 않아서 자리에 눕는 사람이 훨씬 건전하지 않겠는가?

지금은 우리 모두가 내가 누구인가를 다시 한 번 물으면서 진지하게 말씀 앞에 앉아 하나님의 음성을 들어야 할 때라고 믿는다. 자기 신분에 대한 자각이 되살아나면 거룩한 자존심을 회복할 수 있을 것이다. 그렇게 되면 세상 사람처럼 날마다 '돈돈' 하면서 구걸하지 못할 것이다. 경건하게 살려다 핍박 당하는 것을 부끄러워하지 않을 것이다. 좁은 길을 걸으면서도 찬송하게 될 것이다. 병든 이 사회를 치유할 수 있는 하나님의 손으로 크게 쓰임받을 수 있을 것이다.

비록 작은 책이지만 한국 교회가 자존심을 회복하는 데 조금이나마 보탬이 되기를 바란다.

옥한흠

차 례

서문 • 5

구경꾼으로 서 있지 마십시오 • 11

특명, 자존심 회복 • 25

생긴대로 삽시다 • 39

당신의 삶 전부를 변화시켜야 합니다 • 53

당당하게 삽시다 • 69

돈을 이겨야 세상을 얻습니다 • 83

신뢰와 긍정의 이중주 • 103

인격이 변해야 삶이 변합니다 · 119

죄와의 동거를 청산하십시오 · 133

종말을 향한 카운트다운 · 147

하나님의 은혜는 실패하는 법이 없습니다 · 161

오늘을 즐겁게 사는 법 · 175

겉옷까지 주십시오 · 193

그리스도인의 사전에는 낙심은 없습니다 · 211

충성스런 삶이 열매를 맺습니다 · 227

구경꾼으로 서 있지 마십시오

또 내가 보니 보라 어린 양이 시온 산에 섰고 그와 함께 십사만사천이 섰는데 그 이마에 어린 양의 이름과 그 아버지의 이름을 쓴 것이 있도다 내가 하늘에서 나는 소리를 들으니 많은 물소리도 같고 큰뇌성도 같은데 내게 들리는 소리는 거문고 타는 자들의 그 거문고 타는 것 같더라 저희가 보좌와 네 생물과 장로들 앞에서 새 노래를 부르니 땅에서 구속함을 얻은 십사만사천 인밖에는 능히 이 노래를 배울 자가 없더라 이 사람들은 여자로 더불어 더럽히지 아니하고 정절이 있는 자라 어린 양이 어디로 인도하든지 따라가는 자며 사람 가운데서 구속을 받아 처음 익은 열매로 하나님과 어린 양에게 속한 자들이니 그 입에 거짓말이 없고 흠이 없는 자들이더라.

요한계시록 14 : 1~5

빛이 있는 곳에서 어두움이 그 세력을 떨칠 수 없고, 의의 자녀들이 버티고 서 있는 곳에서 악의 자녀들이 횡포를 부릴 수 없습니다.

사석에서 만나는 사람 중에는 불신자들이 가끔 있습니다. 그런데 그들에게 "요즘 세상에 믿는 사람이라고 해서 안 믿는 사람과 다른 점이 있나요? 믿는 사람이 세상 사람들보다 더 나빠지지 않는 것만 해도 다행이지요"라는 이야기를 들을 때가 있습니다. 매우 심각한 이야기입니다. 사람들의 이러한 판단은 이제 교회와 세상, 신자와 불신자를 구별할 만한 기준이 별로 없다는 사실을 꼬집는 말이기 때문입니다. 실로 심각한 현실이 아닐 수 없습니다. 따라서 우리는 이 시간 하나님의 말씀을 통해서 우리의 정체성에 대해 분명한 가르침을 얻어야 할 것입니다.

우리가 잘 아는 철학자 쇼펜하우어가 한 번은 무엇인가 골똘하게 생각하면서 길을 걷다가 맞은편에서 오는 사람과 부딪쳤다고 합니다. 화가 난 상대방이 "여보시오. 도대체 당신이 누군데 앞도 보지 않고 걸어오는 거요?"라고 힐난하자, 쇼펜하우어는 멋쩍은 표정으로 이렇게 대답했다고 합니다. "내가 누구냐고요? 글쎄올시다. 나도 방금 그걸 생각하고 있었습니다." 철학자다운 대답이 아닐 수 없습니다. '내가 누구인가?' 하는 문제에 몰두해서 앞에 사람이 가는지 오는지 모를 정도로 자신에게 집착하는 일은 가끔 필요하다고 생각합니다. 현대인들은 쇼펜하우어와 같은 자기 성찰의 시간을 전부 도둑맞고 살기 때문에 신자, 불신자를 막론하고 모두가 방향 감각을 잃은 채 불안해 하는 것인지도 모릅니다.

세상과 구별된 존재

사도행전부터 요한계시록까지 보면 예수 믿는 사람에 대한 호칭이 '믿는 자'에서 '제자', '그리스도인', 그리고 '성도'의 순으로 바뀌고 있는 것을 발견할 수 있습니다.

　신약 시대 초기에는 예수 믿고 교회 안에 들어온 사람을 '믿는 자'라고 불렀습니다. 예수님을 구주로 믿는다는 의미입니다. 그 다음에 '믿는 자'는 선생되신 예수를 그대로 닮아 가는 사람이라는 뜻의 '제자'로 바뀌었습니다. 제자는 예수께 순종하고 예수께 배우며 그의 발자취를 하나하나 따르려는 자입니다. 그 후 기독교의 중심이 예루살렘에서 세계적 도시인 안디옥으로 옮겨지자 제자로 불리우던 사람들이 그 지역에 있는 이방 사람들로부터 '그리스도인'이라는 별명을 얻었습니다. 그리스도인이란 바로 '예수 닮은 자', '또 다른 예수' 혹은 '작은 예수'와 같은 말입니다. 예수님의 뜻대로 살려고 노력하다 보니 자신도 모르게 그 인품이나 생활하는 모습에서 예수님을 보여 주는 존재가 된 이들을 향해 세상 사람들은 또 하나의 예수를 보는 것 같은 느낌을 받았던 것입니다.

　이윽고 복음이 로마 제국의 구석구석으로 전파되면서 그리스도인은 '성도'라는 이름으로 다시 바뀌어 불렸습니다. 성도가 뭡니까? 세상과 구별된 거룩한 사람을 말합니다. 서신서를 보면 예수 믿는 자들이 제자나 그리스도인이라는 호칭 대신 대부분 성도로 불리워지고 있는 것을 볼 수 있습니다. 이와 같은 호칭의 변화에서 예수 믿는 사람은 세상 사람과 확연하게 구별되어 왔으며, 앞으로도 계속 구별되어야 할 존재라는 사실을 알게 됩니다.

　창세기에서 요한계시록에 이르기까지 성경 66권을 통하여 하나님은 한결같이 "너희는 구별된 백성, 곧 거룩한 백성"이라고 말씀하고 계십니다. "이방인에게 마음을 주거나 그들의 행위를 따라 하지 말며, 이방인의 딸들로 며느리를 삼거나 너희의 아들을 그들에게 주지 말며, 그들과 어떤 맹세도 하지 말라"고 가르치는 것은(신 7:3) 바로 이러한 이유 때문입니다. 포로 된 이후에 이스라엘 백성은 성령의 은혜 안에서 이러한 선민 의식을 다시 강하게 회복했습니다. 세계 곳곳으로 흩어져서 방랑 생활을 했지만 그들은 결코 다른 민족에 동화되지 않았던 것입니다. 신약 시대로 접어들면서 이 선민 의식은 모든 그리스도인에게 그대로 적용되었습니다. 성경은 각 장마다 "너희는 그리스도의 피로 깨끗함을 받은 자들이다. 성령의 사람이다. 하나님의 자녀이며, 하늘의 유업을 받을 자들이다. 그러므로 세상과 구별되라. 내가 거룩한 것같이 너희도 거룩하라"는 메시지를 끊임없이 들려주고 있습니다. 그렇습니다. 우리 예수 믿는 사람은 다른 사람과 반드시 구별되어야 할 존재입니다.

그럼에도 불구하고 신자와 불신자 사이에 그어 놓은 선이 희미해지기 시작하면 하나님의 심판이 따라오게 되어 있습니다. 심판은 "저게 신자냐?" 하는 사람들의 손가락질로부터 시작됩니다. 그렇게 짓밟히고도 정신차리지 못하면 하나님은 개인을 심판하십니다. 개인이 정신을 못 차리면 교회가 심판을 받습니다. 그리고 더 나아가 교회가 정신차리지 못하면 사회가 심판받고, 국가가 심판받습니다. 이것이 지난 이천 년 동안의 교회사를 통해서 하나님이 우리에게 주신 엄숙한 교훈입니다.

오늘날 우리가 직면한 가장 심각한 문제 중의 하나는 바로 신자와 불신자의 구별이 쉽지 않다는 것입니다. 자녀를 보는 시각에서부터 가치관이나 미래에 대한 비전, 그리고 세계관에 이르기까지 신자와 불신자 사이에 큰 차이가 없습니다. 이렇게 그리스도인들이 "나는 누구인가?" 하는 자의식에 대해 이처럼 불투명하다면 어떻게 이 세상에서 하나님 자녀의 역할을 감당할 수 있겠습니까? 어떤 사람은 우리가 직면한 이 심각성에 대해 세상이 악해진 때문이라고 자꾸 그 탓을 돌리려 합니다. 그러나 이것은 바른 태도가 아닙니다. 세상은 옛날이나 지금이나 변하지 않았습니다.

아담과 하와가 에덴 동산에서 쫓겨난 이후부터 지금까지 그래 왔듯이 세상은 원래 악한 곳입니다. 그러므로 "왜 세상이 자꾸 악해지느냐"고 비판만 하는 것은 의미가 없는 일입니다.

문제는 우리가 세상의 악을 견제할 수 있는 선의 존재, 어두움에 대항할 수 있는 빛의 존재가 되느냐 못 되느냐에 있는 것입니다. 빛이 있는 곳에서 어두움이 그 세력을 떨칠 수 없고, 의의 자녀들이 버티고 서 있는 곳에서 악의 자녀들이 횡포를 부릴 수 없습니다. 만약 하나님의 자녀들이 의의 옷을 입고 이 세상 어두움의 자녀들과 맞서기를 주저하지 않는다면, 아무리 세상이 악해도 거기에는 문제를 해결할 수 있는 가능성이 있는 것입니다.

그 수가 적었던 과거에는 사람들이 그리스도인을 개인적으로 평가했습니다. "저 사람이 예수를 믿는다는데, 우리와 다른 점이 뭔가?" 하는 것이 예수 믿지 않는 사람들의 주된 관심사였습니다. 그러나 이제는 사정이 달라졌습니다. 대한민국의 어느 단체를 놓고 봐도 교회만큼 동질성이 있는 다수를 가진 단체가 없습니다. 교회만큼 주기적으로 사람들을 수십, 수백, 혹은 수천에서 수만에 이르기까지 한자리에 모아 놓고 체계적으로 수준 높은 교육을 하는 단체는 없습니다. 그런 의미에서 교회는 가장 큰 응집력을 가진 집단이라고 보아야 합니다. 사람들은 이제 기독교를 집단적으로 평가합니다. 다시 말해서 수백 만에 이르는 그리스도인들을 놓고 기독교의 진면모를 보려고 하는 것입니다. 이런 도전 앞에 우리는 우리의 진면모가 무엇인가를 보여 줄 수 있어야 합니다. 그렇지 않으면 교회는 짠맛 잃은 소금의 처지로 전락하고 말 것입니다. 그러면 우리는 과연 그들에 비해 구체적으로 무엇이 다릅니까?

십사만사천과 우리

거의 1세기를 살았던 사도 요한은 당시 예수님의 열두 제자 중에 가장 연소했으며, 그들 중에 가장 오래까지 살아 남았던 인물이기도 합니다. 말년에 교회의 감독과 사도를 겸하고 있었던 그는, 네로 황제 때 기독교에 대한 탄압이 강화되자 제일 먼저 그 핍박의 대상이 되었습니다. 전하는 바에 의하면 그는 기름이 끓는 가마솥에 들어갔지만 하나님이 기적적으로 살려 주셨다고 합니다. 갖은 악형에도 불구하고 살아 있는 그가 핍박자들에게는 마치 불사조와 같은 존재로 비쳐졌는가 봅니다. 겁이 난 로마의 위정자들은 그를 불모의 귀양지 밧모섬으로 보내 버렸습니다. 그렇다고 그가 그 곳에서 망망대해를 바라보고 지나온 삶을 반추하며 남은 생을 조용히 마무리지었을까요? 아닙니다.

하나님께서 그를 백 세 가까이 살게 하신 데는 중요한 이유가 있었습니다. 그것은 이 세상의 종말과 예수의 재림과 신천지의 영광을 미리 환상으로 보여 주시고, 그것을 기록해서 교회에 전하도록 하는 것이었습니다. 요한계시록은 그렇게 해서 탄생했습니다. 아직도 이 성경은 인간의 능력으로 해석할 수 없는 비밀을 많이 간직하고 있습니다. 우리도 성령께서 깨닫게 해 주시는 범위 안에서만 그 신비의 세계를 들여다볼 수 있습니다.

요한이 본 신비로운 장면 가운데 하나가 바로 14만 4천이라는 숫자의 거룩한 무리였습니다. 그들은 시온산에 서 있었습니다. 이 시온산을 하나님 나라로 해석하느냐, 아니면 이 지상에 있는 교회로 해석하느냐 하는 문제는 지금 다루지 않겠습니다. 왜냐하면 어느 쪽의 해석을 취하느냐에 따라서 요한계시록을 보는 전반적인 시각이 달라지기 때문입니다. 여기에서 더 중요한 쟁점은 '14만 4천 명의 존재가 과연 누구냐'하는 것입니다. 어떤 학자는 구약 시대에 하나님을 잘 믿었던 무리의 수라고 말합니다. 또 다른 학자는 4절의 '여자로 더불어 더럽히지 아니한 자'를 근거로 해서 일반적인 신자들이 아니라 결혼하지 않고 동정을 지키면서 특별히 헌신한 성자들이라고 말하기도 합니다. 곧 신자 중의 신자, 교회 중의 교회, 택자 중의 택자인 하늘의 귀족 계급이라는 것입니다.

하지만 14만 4천을 어디까지나 상징적인 숫자입니다. 구약 시대에 이스라엘의 선민을 대표하는 수는 12지파의 '12'입니다. 또 신약 시대의 교회를 대표하는 것도 12사도의 '12'입니다. 구약과 신약을 대표하는 두 수를 곱하면 '144'가 됩니다. 또 성경에서 완전한 수로 보는 '10'을 세 번 곱하면 '1,000'이 되고, 여기에 다시 144를 곱하면 '14만 4천'이 됩니다. 이런 이유로 해서 저는 이 '14만 4천'을 주님이 구원하시기로 작정한 모든 성도들의 모임, 즉 완성된 하나님 나라의 모습이라고 믿습니다. 이 수에는 저와 여러분을 비롯하여 예수 믿는 대다수의 성도들이 반드시 포함되어야 합니다. 따라서 그 14만 4천 명에게 나타나고 있는 여러 가지 특징이 바로 우리 자신의 참모습이어야 할 것입니다.

시온산에 선 그들의 모습에서 우리는 세상 사람들과는 매우 다른 특징들을 볼 수 있습니다. 그러나 그것은 하늘 나라에서 갑자기 주어진 것이 아니라, 그들이 세상에 있을 때부터 본질적으로 지니고 있었던 차별성이었습니다. 이 세상에서 예수 믿고 새로운 피조물이 된 순간부터 이미 그들은 세상 사람과 전혀 다른 모습이 되었습니다. 그것이 사도 요한의 환상을 통해 뚜렷하게 부각된 것입니다.

유명한 영국의 설교자 스펄전이 이런 말을 했습니다. "이 세상은 악기를 만드는 장소이다. 이곳에서 악기를 잘 만들고 조율까지 완전하게 해야만 하나님 나라에 갔을 때 그 악기를 연주할 수 있다. 그러나 악기만 만들어 놓고 조율하지 않으면 하나님 나라에서 그 악기로 찬양할 수 없다."

옳은 말입니다. 14만 4천 명에게 있는 아름다운 특징들은 우리가 세상에 있을 때부터 소유하고 있는 것입니다. 하나님 나라에 갔다고 해서 갑자기, 새삼스럽게 얻어지는 것이 아닙니다. 그러므로 우리는 14만 4천 명에게서 볼 수 있는 아름다운 것들을 지금 가지고 있어야 합니다. 그래야 세상 사람들과 어떻게 구별되는가를 말할 수 있을 것입니다.

소속이 다르다

14만 4천 명은 소속이 달랐습니다. 1절에 보면 시온산에 서 있는 그들의 이마에는 어린 양의 이름이 있고, 그 아버지의 이름이 씌어 있다고 했습니다. 얼굴은 사람의 인격을 나타냅니다.

얼굴 가운데서도 특히 이마는 쉽게 눈에 띄는 부위라 할 수 있을 것입니다. 따라서 예수님과 하나님의 이름이 그 이마에 있다는 것은 그들이 하나님에게 속한 사람이고, 어디를 가도 그 신분을 감출 수 없으며, 멀리서 보아도 그가 누구라는 것을 당장 알아차릴 수 있도록 구별된 존재라는 뜻입니다. 학교 운동회에서 학생들이 이마에 청띠와 백띠를 둘러 청군이나 백군에 속했음을 나타내고, 군인들이 모자에 계급장을 달아서 자신의 신분이나 소속을 나타내는 것처럼, 하나님은 예수 믿는 우리 모두에게 성령으로 인을 치신다고 했습니다. 마치 이마에 이름을 새긴 것처럼 언제 어디서나 볼 수 있도록 성령의 도장을 찍어 놓으셔서 우리 눈에는 안 보이지만 영계(靈界)의 모든 악령들은 우리가 하나님의 소유라는 것을 금방 알아차립니다.

반면에 세상 사람들은 그 이마에 짐승의 이름이 씌어 있다고 합니다. 사탄의 소유라는 의미입니다. 얼마나 대조적입니까? 그러므로 비록 우리 눈에는 보이지 않는다 할지라도 우리에게 이같이 분명한 도장이 찍혀 있는 이상, 세상에 나가서 우리의 신분을 숨길 수가 없는 것입니다.

예수님은 이렇게 말씀하셨습니다. "너희가 세상에 속하였으면 세상이 자기의 것을 사랑할 터이나 너희는 세상에 속한 자가 아니요 도리어 세상에서 나의 택함을 입은 자인 고로 세상이 너희를 미워하느니라"(요 15:19). 그러므로 우리는 세상에 나가서 자신의 소속을 분명히 밝혀야 합니다. 세상 사람들이 이질감을 느끼고, 심지어 증오하는 일이 있어도 우리 신분을 알려야 합니다. 이것이 우리의 능력입니다. 등불을 켜서 이불로 덮어 놓는 사람은 없습니다. 등불은 모든 사람이 멀리서도 볼 수 있도록 높은 곳에 달아 두어야 합니다. 만약 등불이 그 역할을 하지 않는다면 사방이 어두움으로 가득 찰 것입니다. 마찬가지로 그리스도인들이 세상에 나가서 자신이 하나님께 속한 사람이라는 사실을 밝히기 꺼린다면, 그것은 등불을 이불로 덮어 놓는 행위나 다를 것이 없습니다. 그렇게 되면 우리 주변에는 어두움이 있을 뿐입니다.

그런데 실제로 사회 생활을 하는 많은 사람들이 자신을 그리스도인으로 밝히기를 주저한다는 놀라운 이야기를 들은 적이 있습니다. 그것은 출세 지상주의나 이기주의 등의 이상한 모자를 눌러써서 이마에 있는 하나님과 예수님의 이름을 가리는 행위입니다. 우리 사회가 건강하고 우리 민족이 바르게 살아가려면, 각 곳에 흩어져 있는 모든 성도들이 그 모자를 벗고 자신의 신분을 분명히 밝힐 수 있어야 합니다.

행동 기준이 다르다

14만 4천 명은 행동 기준이 달랐습니다. 4절을 보세요. "이 사람들은 여자로 더불어 더럽히지 아니하고 정절이 있는 자"라고 했습니다. 여기에서 '여자'는 세상을 상징합니다. 세상에 물들지 않고 지조가 있는 그들은 '어린 양'이 어디로 인도하든지 따라가는 자들이었습니다. '어린 양'이라는 말에 주목하기를 바랍니다. 이 단어에는 사랑의 고백이 담겨 있습니다. 일생 동안 변치 않겠다는 정조의 서약이 들어 있습니다. '어린 양'은 십자가에서 나 대신 돌아가신 예수님을 가리키는 말이기 때문입니다. 어린 양은 14만 4천의 성도들을 위해 십자가의 저주를 자진해서 맡으셨습니다. 시온산에 서 있는 거룩한 무리는 이 놀라운 사랑에 마음이 녹아 내린 자들이었습니다. 그 사랑을 발견하는 순간부터 그들은 자신의 마음과 몸을 던져 예수만 사랑하기로 서약한 자들이었습니다.

그들의 삶의 원칙은 예수님을 향한 사랑에 의해 좌우되었습니다. 세상 돌아가는 대로 적당히 살아가는 지조 없는 사람이 아니었습니다. 예수님이 기뻐하시면 하고 싫어하시면 하지 않았습니다. 이것이 14만 4천 명의 행동 기준이었습니다.

지조 있는 삶이란 단순히 죄를 짓느냐, 짓지 않느냐 하는 문제에만 적용되는 것이 아닙니다. 요즘 흔하게 보는 실직 문제를 예로 들어 볼까요? 어느 가정에 예수 안 믿는 남편이 사십 넘은 나이에 실직을 당했습니다. 누구나 이런 충격을 받으면 눈앞이 캄캄해질 수밖에 없습니다. 사실 남편의 직업이 떳떳한 것이 아니어서 예수를 믿게 된 아내는 늘 고통을 받았습니다. "주님, 남편의 직업을 바꾸어 주세요. 적게 벌어도 좋습니다. 하나님의 자녀답게 살기 원합니다." 그런데 남편이 그 직장에서 물러나게 된 것입니다. 이때 예수 믿는 아내는 자신의 기도를 들어 주신 주님께 감사드리고, 지금까지 자신을 인도하신 하나님이 이 어려움 속에서도 꼭 도와주실 것을 믿는다는 자신의 믿음을 남편에게 고백하면서 예수 믿으라고 전할 것입니다. 그 다음에 교회를 찾아가든지, 골방으로 들어가서 조용히 무릎 꿇고 기도드릴 것입니다. 예수 모르는 부인과 얼마나 다릅니까? 이것이 주님께서 우리에게 가르쳐 주신 방법이며, 예수님이 원하는 대로 따라가는 삶입니다.

또 있습니다. 세상을 살다가 죄의 유혹을 받았다고 합시다. 그럴 때 예수 믿는 자들은 자신이 망하더라도 절대 타협할 수 없다는 입장을 고수할 것입니다. 예수님을 따라가는 지조를 가진 사람의 삶은 이렇게 다릅니다. 우리 모두는 어떻습니까? 이같이 지조 있는 삶을 살고 있습니까? 그렇다면 우리 역시 세상에서 구별된 자들입니다. 여자로 더불어 더럽히지 아니하고 정절이 있는 자라 할 수 있을 것입니다.

삶이 다르다

14만 4천 명은 거룩한 삶을 살았습니다. 5절을 보세요. "그 입에 거짓말이 없고 흠이 없는 자들이더라." 그들은 어떻게 하든지 입에 거짓말을 담지 않으려고 노력하는 자들이요, 세상에 있을 동안 믿지 않는 자들에게 흠 잡히지 않으려고 애쓰는 자들이었습니다. "사람이 악으로 굳게 서지 못하나니 의인의 뿌리는 움직이지 아니하느니라"(잠 12:3). 곧 악한 자들은 아무리 그 가지가 무성해 보여도 밑에 뿌리가 없으나, 의인은 겉으로 보기에 초라한 가지처럼 보여도 밑으로는 깊이 뿌리를 박는다는 의미입니다. 죄된 방법으로 많은 돈을 벌고, 수단과 방법을 가리지 않고 출세한 사람들의 끝을 보십시오. 자신만 망할 뿐 아니라 가정까지도 깨지는 비극을 경험합니다.

여러분 가운데 불의한 방법으로 부자가 된 분이 있다면 그 부를 하나님의 복으로 해석하지 마시기 바랍니다. 그 말은 절대로 입 밖에 내서는 안 될 말입니다. 거룩하게 살려다가 가난하게 되는 것이 오히려 하나님의 복입니다. 의인의 뿌리를 아는 사람은 절대로 죄와 타협하지 않습니다. 신자다운 지조를 가지고 거룩하게 살려다가 진급이 안되고, 출세가 늦고, 사회에서 도태되었습니까? 바로 그와 같은 환경이 하나님의 축복이라는 생각은 거룩한 삶을 추구하는 성도의 신념이며, 기독교적 가치관입니다. 남 보기에는 조그만 집에서 초라하게 사는 것 같지만, 하나님이 그 가정을 버려두지 않으시기 때문에 의인의 집은 평안합니다. 당대에 무엇이 잘 이루어지지 않는 것 같아도 자손들을 통해서 하나님이 축복하시는 것을 우리가 얼마나 많이 봅니까? 하나님이 알뜰하게 지키시는 그 가정은 가족이 서로 화목하고 사랑하며 웃음을 잃지 않고 살아갑니다.

프랑스의 철학자 마르셀은 "나는 구경을 하고 있는 것이 아니다. 이 말을 나는 매일 되풀이하고 싶다"고 했습니다. 그의 말처럼 그리스도인 역시 구경꾼이 아닙니다. 악한 세태를 한탄하면서 뒷짐지고 쳐다만 보는 사람들이 아닙니다. 왜냐하면 하나님이 이 어두움의 세상에서 빛으로 살아야 할 책임을 우리 모두에게 주셨기 때문입니다. 우리는 방관자가 되어서는 안됩니다. 우리가 그들과 어떻게 다른가를 밝히고 그들이 걸어가야 할 길, 옳은 길을 제시해 주어야 합니다. 이 나라, 이 땅은 우리의 후손들이 살아가야 할 곳입니다. 그들이 뿌리를 잘 내릴 수 있도록 누가 도와 줘야 합니까? 지금의 우리가 해야 합니다. 매주마다 수십 명에서 수만 명씩 모아 놓고 하나님의 말씀을 가르치는 교회가 이 일을 하지 않으면 이 나라는 더 이상 희망이 없습니다.

우리는 이 영광스러운 책임을 포기하지 말아야 합니다. 그것은 울면서 할 일이 아니라 긍지를 가지고 감사하면서 할 일입니다. 비록 그것 때문에 어떤 어려움이 온다고 할지라도 말입니다.

주일 예배를 본 여러분이 교회 밖으로 나가서 각처로 흩어지고 나면 세상 사람들은 '무엇이 다른가' 하고 여러분의 이마를 볼 것입니다. 우리의 진면모를 유감없이 보여 줍시다. 소속이 다르다는 것, 행동의 기준이 다르다는 것, 거룩하게 살려는 의지가 다르다는 것을 말입니다. 이 일에 우리와 우리 자손의 행복이 달려 있습니다. 대한민국의 장래가 달려 있습니다. 북한의 공산주의자들이 그리스도 앞에 무릎을 꿇고, 그 밑에서 고통하는 우리 형제들이 해방되는 그날에 대한 비전도 바로 '우리가 얼마나 다르게 사느냐'에 달려 있습니다. 여러분 모두가 시온산에 선 14만 4천 명이라는 진리를 한시도 잊지 마시기를 바랍니다.

특명, 자존심 회복

아그립바 왕이여 그러므로 하늘에서 보이신 것을 내가 거스르지 아니하고 먼저 다메섹에와 또 예루살렘에 있는 사람과 유대 온 땅과 이방인에게까지 회개하고 하나님께로 돌아가서 회개에 합당한 일을 행하라 선전하므로 유대인들이 성전에서 나를 잡아 죽이고자 하였으나 하나님의 도우심을 받아 내가 오늘까지 서서 높고 낮은 사람 앞에서 증거하는 것은 선지자들과 모세가 반드시 되리라고 말한 것밖에 없으니 곧 그리스도가 고난을 받으실 것과 죽은 자 가운데서 먼저 다시 살아나사 이스라엘과 이방인들에게 빛을 선전하시리라 함이니이다 하니라 바울이 이같이 변명하매 베스도가 크게 소리하여 가로되 바울아 네가 미쳤도다 네 많은 학문이 너를 미치게 한다 하니 바울이 가로되 베스도 각하여 내가 미친 것이 아니요 참되고 정신차린 말을 하나이다 왕께서는 이 일을 아시기로 내가 왕께 담대히 말하노니 이 일에 하나라도 아시지 못함이 없는 줄 믿나이다 이 일은 한편 구석에서 행한 것이 아니로소이다 아그립바 왕이여 선지자를 믿으시나이까 믿으시는 줄 아나이다 아그립바가 바울더러 이르되 네가 적은 말로 나를 권하여 그리스도인이 되게 하려 하는도다 바울이 가로되 말이 적으나 많으나 당신뿐 아니라 오늘 내 말을 듣는 모든 사람도 다 이렇게 결박한 것 외에는 나와 같이 되기를 하나님께 원하노이다 하니라.

사도행전 26 : 19~29

우리는 세상 사람이 갖지 못한 것을 가졌기 때문에 자존심을 가질 수 있습니다. 예수 안에서 우리는 세상 사람들이 돈을 다 쏟아 부어도 구할 수 없는 것들을 이미 세상에서 누리고 있습니다.

'자존심'을 국어 사전에서는 '제 몸을 굽히지 않고 스스로 높이는 마음가짐'이라고 풀이하고 있습니다. 이 단어는 사용자의 의도에 따라 좋은 이미지를 주기도 하고 나쁜 이미지를 주기도 합니다. 이 시간에는 좋은 이미지의 '자존심'에 대해서 살펴보고자 합니다.

우리 나라의 탁월한 문학자 중의 한 분인 이은상 씨는 자존심에 대해서 이렇게 피력했습니다. "자존심이란 결코 배타가 아니다. 또한 교만도 아니다. 다만 자기 확립이다. 자기 강조다. 자존심이 없는 곳에 비로소 얄미운 아첨이 있다. 더러운 굴복이 있다. 넋빠진 우상 숭배가 있다. 위대한 개인, 위대한 민족이 필경 다른 것이 아니다. 오직 이 자존심 하나로 결정되는 것이다."

일반적으로 우리가 알고 있는 자존심의 개념도 이와 비슷하리라고 봅니다. 세상을 향해 아첨하거나 비굴해지지 않기 위해서 이 자존심을 가지는 것은 매우 중요합니다. 그것은 하나님의 자녀답게 스스로를 높이는 마음가짐이기 때문입니다. 안타까운 것은 교회 안에서는 왕자처럼 처신하면서 세상에 나가면 걸인처럼 행세하는 그리스도인들이 종종 있다는 사실입니다. 불행한 일입니다.

그리스도인의 자존심

어느 성경 학자의 말처럼 우리는 지금 바울의 생애 가운데 가장 위대한 장면을 마주하고 있습니다. 본문은 성경 중에서 그리스도인의 자존심을 매우 감동적으로 보여 주는 대목입니다. 그리스도인의 자존심이 무엇입니까? 그것은 왕과 총독, 그리고 많은 고관들 앞에서 쇠사슬에 묶인 두 팔을 들고 당당하게 말하는 바울의 태도에서 드러납니다. 29절을 보십시오. "말이 적으나 많으나 당신뿐 아니라 오늘 내 말을 듣는 모든 사람도 다 이렇게 결박한 것 외에는 나와 같이 되기를 하나님께 원하노이다." 아그립바 왕에게 응수한 바울의 이 한마디는 그리스도인의 자존심을 다른 말로는 더 이상 멋있게 표현할 수 없을 만큼 완벽합니다.

바울은 특별한 혐의 사실도 없이 2년이 넘도록 가이사랴에 있는 로마 총독의 형무소에 갇혀 있었습니다. 무슨 수를 써서라도 바울을 자신들의 손으로 죽이려고 백방으로 애쓰던 당시 유대 지도자들로 인해 유대인 지역의 행정을 담당하는 총독 베스도는 진퇴양난에 빠져 있었습니다. 바울을 석방하자니 유대인의 감정을 건드릴 것 같고, 그대로 가두어 두자니 별다른 혐의 사실을 찾기가 어려웠기 때문입니다. 이런 상황을 직시한 바울은 자신이 무혐의 처리를 받을 수 있는 길은 로마 황제에게 직접 재판을 받는 것뿐이라고 판단하여 로마의 최고 법정에 상소를 합니다.

일이 이렇게 전개되자, 죄수를 황제 앞으로 보내려면 뚜렷한 죄목이 첨부되어야 했던 당시 관례로 보아 바울은 총독에게 뜨거운 감자와도 같은 존재였을 것입니다. 이렇게 미묘한 정치적 사건으로 고심하던 그때, 총독은 팔레스타인 북부 지역의 통치자로 있던 아그립바 왕과 그의 누이동생의 내방을 받게 되었습니다. 베스도 총독은 이 좋은 기회를 놓치지 않고 왕과 함께 최종 결정을 내릴 작정으로 다시 공판을 열게 되었고, 본문이 바로 그 재판을 받는 장면입니다.

바울은 먼저 아그립바 왕을 향해 자신이 어떻게 예수를 만났으며, 무엇 때문에 유대인들의 미움을 받게 되었는지에 대해 말문을 엽니다. 그리고 23절에서는 드디어 그가 증거하고자 했던 핵심, 곧 그리스도가 고난을 받으실 것과 죽은 자 가운데서 살아나심으로 말미암아 이스라엘 백성의 오랜 소망이 성취되었다는 사실을 선포합니다. 그러자 총독 베스도는 참지 못하고 "바울아 네가 미쳤도다 네 많은 학문이 너를 미치게 한다"고 소리를 지릅니다. 그러나 바울은 도리어 당당하게 대답합니다. "각하여, 내가 미친 것이 아니요 참되고 정신차린 말을 하나이다"(25절).

그러면서 바울은 시선을 왕에게로 돌렸습니다. 그 자리에서 바울이 복음을 전하려고 마음먹은 대상은 총독보다도 왕이었습니다. 총독에게는 지난번 재판에서 이미 할 이야기를 다한 상태였기 때문입니다. 바울은 왕과 그의 누이동생 버니게를 향하여 복음 증거를 계속합니다. "아그립바 왕이여 당신은 선지자를 믿으며 예수의 이야기도 알고 있는 분입니다. 구약에서 뭐라고 했습니까? 장차 인류의 구원자이신 하나님의 아들이 이 세상에 오셨을 때 그는 고난을 당한다고 했습니다. 그리고 죽은 지 삼일 만에 다시 살아나서 인류에게 복음의 빛을 비추는 구원자가 되신다고 분명히 예언했습니다. 왕이여, 보시옵소서. 나사렛 예수의 이야기를 들어 보셨지요? 그는 십자가에서 죽으셨습니다. 그러나 하나님께서 그를 삼일 만에 살리셨습니다. 이 예수님이야말로 구약 성경이 예언한 메시아입니다. 왕이여, 이 사실을 좀더 논리적으로 생각해 보시면 제가 전하는 예수 그리스도가 인류의 구원자라는 것을 조금도 의심하지 않고 믿게 될 것입니다."

이 말을 들은 왕이 뭐라고 했습니까? 28절을 보십시오. "네가 적은 말로 나를 권하여 그리스도인이 되게 하려 하는도다." 그 당시에 사용되던 '그리스도인'이라는 말에는 '형편없는 것'이라고 얕잡아 보는 멸시의 뜻이 담겨 있었습니다. 곧 "네가 몇 마디의 웅변으로 나를 그리스도인으로 만들 수 있을 것 같으냐"고 비아냥대는 것입니다. 웬만한 사람 같으면 이 정도에서 그만 입을 다물고 물러났을 것입니다.

그러나 바울은 "말이 적으나 많으나 당신뿐 아니라 오늘 내 말을 듣는 모든 사람도 다 이렇게 결박한 것 외에는 나와 같이 되기를 하나님께 원하노이다"(29절)라고 말합니다. 얼마나 대단한 말입니까? 여기에서 '나처럼 되기를 바란다'는 의미는 무엇일까요? 이 한마디는 사도 바울의 자존심을 통쾌하게 대변할 뿐만 아니라 함축된 여러 가지 의미를 담고 있습니다. "왕이여, 당신은 나보다 나은 것이 하나도 없습니다. 인생의 승자는 당신이 아니라 바로 나입니다"라는 의미가 담겨 있고, 또 "예수 없는 왕자보다도 예수 있는 죄수가 되는 것이 현명한 선택입니다. 나처럼 예수 믿고 구원받으십시오"라는 메시지도 들어 있는 것입니다. 또한 "나는 당신에게 부러운 것이 하나도 없습니다"의 뜻도 그 속에 담겨 있다고 봅니다.

한번 상상해 보십시오. 한 사람은 왕이고, 또 한 사람은 죄수입니다. 화려한 자주색 왕복을 걸친 자와 쇠고랑을 차고 냄새 나는 죄수복을 입은 자가 지금 대면하고 있습니다. 왕의 곁에는 그의 누이동생인 버니게가 번쩍거리는 보석으로 온몸을 치장하고 앉아 동정과 경멸이 가득 담긴 눈초리로 바울을 내려다보고 있으며, 진홍색 정장을 차려 입은 총독과 행정 장관들, 그리고 로마 군대의 기라성 같은 장교들이 둘러앉아 있습니다. 세상적으로 가장 화려한 신분에 속하는 그들은 권세와 부를 소유하고, 인생을 즐기며 사는 자들입니다. 그들은 세상의 지혜를 터득했다고 자부하는 자들로서 재판정의 분위기를 압도하고 있었습니다.

더욱이 아그립바 왕과 버니게는 20대 중반을 넘기지 않은 새파란 젊은이들이고, 바울은 이미 50대를 바라보는 장년입니다. 그들에 비해 너무 초라해 보이는 처지인지라 바울의 기가 꺾인다고 해서 하등 이상할 것이 없는 상황이었습니다. 그럼에도 불구하고 바울이 비굴합니까? 아닙니다. 바울이 왕을 부러워합니까? 아닙니다. 그렇다고 자기에게 없는 것이 남에게 있을 때 냉소하는 병적인 무엇이 그에게 있습니까? 전혀 없습니다. 그는 끝까지 떳떳하고 의연했습니다.

자존심의 근원, 예수 그리스도

바울이 이렇게 대단한 자존심을 가진 배후에는 그가 예수 그리스도를 발견했다고 하는 중요한 사실이 숨어 있습니다. 예수님을 알게 되자마자 그는 밑바닥부터 변화가 일어났습니다. 가치관의 변화요, 패러다임의 변화였습니다. 세상을 보는 눈, 사람을 보는 눈, 부귀 영화를 보는 눈에 일대 혁명이 일어난 것입니다. 예수님 때문에 일어난 변화였습니다. 예수를 발견한 다음부터 그는 누구를 보아도 '당신도 나와 같이 되었으면 좋겠다'는 자존심을 가지고 왕자처럼 살았지 다른 사람을 부러워하는 거지처럼 살지 않았습니다.

우리는 바울이 어느 정도로 자존심이 대단한 사람인가를 성경의 여러 곳에서 발견할 수 있습니다. 고린도전서 11장 1절을 보면, 그는 "내가 그리스도를 본받는 자 된 것같이 너희는 나를 본받는 자 되라"고 합니다. 여기에서도 "나를 본받으라"고 말했지요? 또 고린도전서 7장 7절에서도 그와 같은 말을 했습니다.

고린도 교회에는 예수 믿고 아름답게 변화된 처녀들이 많았습니다. 지금도 예수 잘 믿는 처녀들이 결혼하기 어려운 세상인데 그 당시에는 얼마나 더 어려웠겠습니까? 그래서 혼기가 찬 처녀들이 '결혼을 해야 하나, 평생을 독신으로 살아야 하나?' 하는 문제로 고민하다가 바울에게 상담을 해왔습니다. 이때 바울이 여러 가지 설명을 하는 중에 나는 모든 사람이 "나와 같기를 원하노라"는 처방을 했습니다. 우리가 잘 아는 바와 같이 바울은 결혼을 하지 않고 평생을 독신으로 살았습니다. 이제 그는 믿음 좋은 처녀들이 할 수 있으면 자기같이 되기를 원한다는 말을 하고 있습니다. 얼마나 대단한 자존심입니까? 우리가 그 수준에는 못 미친다 하더라도 예수 믿는 사람으로서 최소한의 자존심은 가져야 합니다. 그리고 이 자존심을 생명처럼 소중하게 여겨야 한다고 봅니다. 그러면 우리가 왜 바울과 같은 자존심을 가져야 하는지 대략 세 가지로 정리해 봅시다.

우리가 자존심을 가져야 할 이유

첫째, 우리는 세상의 부귀 영화를 보는 시각이 다른 자들이기 때문에 그렇습니다. 빌립보서 3장 8절을 봅시다. "내 주 예수 그리스도를 아는 지식이 가장 고상하므로 내가 그를 위하여 모든 것을 잃어버리고 배설물로 여겼노라." 현대어로 바꾸면 이렇게 말할 수 있습니다. "나의 주님 예수 그리스도를 알게 된 것이 너무도 존귀해서 이것과 비교하면 다른 것은 다 무가치하게 여길 뿐이다. 나는 예수 그리스도 외에는 다 쓰레기처럼 여기고 모두 다 내버렸다." 이처럼 예수 믿고 나면 세상을 보는 눈이 달라집니다. 디모데전서 6장 7~8절을 보면, "우리가 세상에 아무것도 가지고 온 것이 없으매 또한 아무것도 가지고 가지 못하리니 우리가 먹을 것과 입을 것이 있은즉 족한 줄로 알 것이니라"고 했습니다. 하루하루를 하나님의 은혜로 사는 자는 굳이 부귀 영화에 연연할 필요가 없다는 말입니다.

얼마 전에 세상을 뜬 성철 스님은 평생을 바쳐 진리를 추구하던 구도자였습니다. 그러나 길을 잘못 들어선 구도자였습니다. 그가 만약 예수를 알았더라면 위대한 영적 지도자가 되었을 것입니다. 그는 초등학생의 교과서를 비롯해서 몇 트럭분의 책을 실어 날라다가 읽으며 그 깊은 산골에 있는 절간에서 세상과 사오십 년을 단절하고 벽을 쳐다보며 도를 닦았답니다. 그리고 그가 터득한 도는 "산은 산이고 물은 물이다"였습니다. 결국 인생은 그저 인생일 뿐, 그 이상의 아무것도 아니라는 자각입니다.

그러나 그런 깨달음이 반드시 도를 닦아야만 터득되는 것은 아닙니다. 프랑스 혁명이 일어났을 때 황제인 루이 16세가 감옥에 끌려 들어갔습니다. 죽을 날을 기다리며 손톱이 뭉개지는 것도 마다하지 않고 그가 벽에다 뭐라고 썼는지 아십니까? "인생은 아무것도 아니다"라는 한 구절이었습니다. 이처럼 하나님을 모르는 사람일지라도 조금이나마 깨어 있는 사람은 인생이 아무것도 아니며 부귀 영화가 한낱 허깨비와 같다는 것을 압니다.

문제는 그 사실을 알면서도 예수 믿지 않는 사람들은 부귀 영화를 기뻐해서 스스로 그 속으로 뛰어들어 간다는 데에 있습니다. 요즘 과소비가 또다시 심각한 사회 문제가 되고 있습니다. 그런데 왜 과소비를 합니까? 그들의 소망이 그것밖에 없기 때문입니다. 예수를 모르는 사람은 가장 가치 있고 영원한 것을 보는 눈이 없습니다. 그러므로 "부귀 영화가 헛된 것인 줄 알지만 이것에라도 매달리지 않으면 무슨 재미로 사느냐"는 자조 섞인 소리를 하면서 거기에 생명을 겁니다. 여전히 산은 산이고 물은 물인데 도리가 있나요? 그들은 부귀 영화의 허구성을 알면서 속는 자들이요, 속는 줄 알면서 더 몰입하는 자들입니다.

한편 예수 믿는 우리는 하나님을 통해서 부귀 영화가 얼마나 헛되고, 인생이 얼마나 허무한가를 분명하게 봅니다. 검은색이 검다는 것을 쉽게 알려면 그 옆에 흰색을 놓고 비교해 보면 되는데, 하나님은 이 세상이 얼마나 검은가를 우리에게 보여 주시기 위해 이사야 51장 6절을 흰색으로 주셨습니다. "너희는 하늘로 눈을 들며 그 아래의 땅을 살피라 하늘이 연기같이 사라지고 땅이 옷같이 해어지며 거기 거한 자들이 하루살이같이 죽으려니와." 여기까지는 검은색입니다. 반면에 "나의 구원은 영원히 있고 나의 의는 폐하여지지 아니하리라." 이것은 흰색입니다. 이 두 가지를 비교해서 알 수 있도록 주님은 우리에게 은혜를 주셨습니다. '산은 산이고 물은 물이다' 로 끝나는 것이 아니라 일시적인 것과 영원한 것, 마음을 주어야 할 것과 주지 말아야 할 것, 부러워해야 할 것과 하지 말아야 할 것을 선명하게 말씀하신 것입니다.

그러므로 세상을 보는 눈이 달라질 수밖에 없습니다. 우리는 헛된 것을 손에 쥐고 아옹다옹하지 않게 되었습니다. 그 때문에 예수를 모른 채 헛된 것에 속아서 세월을 보내는 사람을 보면 상대방의 신분이 무엇이든간에 바울처럼 말하게 되는 것입니다. "당신도 나처럼 될 수 있다면 얼마나 좋을까요!"

둘째, 우리는 세상 사람이 갖지 못한 것을 가졌기 때문에 자존심을 가질 수 있습니다. 예수 안에서 우리는 세상 사람들이 돈을 다 쏟아 부어도 구할 수 없는 것들을 이미 세상에서 누리고 있습니다. 로마서 14장 17절을 보십시오. "하나님 나라는 먹는 것과 마시는 것이 아니요 오직 성령 안에서 의와 평강과 희락이라." 여러분, 먹고 마시는 문제를 놓고 볼 때 왕과 견줄 만한 사람이 천하에 어디 있겠습니까? 그에 비해 바울은 떡 한 조각으로 겨우 연명하는 죄수입니다. 하지만 하나님은 그에게 귀한 것을 주셨습니다. 하나님의 의와 마음의 평강과 세상 사람이 모르는 희락과 무엇에도 얽매이지 않는 자유가 그것이었습니다.

그러나 17세에 왕이 된 아그립바는 왕위를 유지하기 위해 평생 눈에 불을 켜고 안절부절했던 사람입니다. 자신의 권좌를 넘보는 듯한 사람이 있으면 중상모략을 해서 그를 제거해야 겨우 마음을 놓을 수 있었습니다. 그런 사람에게 무슨 자유함이 있을까요? 무슨 기쁨이 있을까요? 버니게 역시 마찬가지였습니다. 그녀는 왕의 누이동생이었지만 이미 몇 차례의 결혼에 실패하고 돌아와 오빠에게 얹혀사는 처지였습니다. 그 마음에 평안이 있었을까요? 왕비의 옷을 걸치고 진수성찬을 먹는다고 그 마음에 진정한 삶의 기쁨이 있었을까요? 더욱이 당시 세간에는 오빠인 아그립바 왕과의 사이가 수상하다는 소문이 파다하게 퍼져 있었다고 합니다. 어디 그뿐인 줄 압니까? 로마 황제가 여행을 왔을 때 그를 유혹하여 황제의 정부로 들어가기까지 했습니다. 이런 여자에게 자유함이 있었겠느냐는 것입니다.

바울은 예수는 믿지 않고 겉만 요란하게 꾸미는 사람들을 볼 때 자기에게 있는 이 놀라운 하나님의 축복들이 그들에게 없는 것을 알았습니다. 그렇기 때문에 그는 "당신도 나처럼 되기를 원합니다"라고 소리칠 수 있었습니다. 이것이 그리스도인의 긍지입니다.

세상 기준으로 말하면, 우리는 초라해 보일 수밖에 없는 존재들입니다. 어떤 분은 나이가 많은 것 때문에 소망 없는 사람처럼 보이고, 또 어떤 분은 새벽부터 밤늦게까지 땀 흘리며 수고하지만 한평생 가난의 질고를 뛰어넘지 못하는 절망과 답답함에 둘러싸여 있을지 모릅니다. 그럼에도 불구하고 우리는 세상 사람이 모르는 은혜, 곧 평안과 기쁨과 자유를 골고루 받았음을 고백할 수 있습니다. "한 날의 괴로움은 그날에 족하니라"고 했습니다. 우리에게는 내일의 염려에 얽매이지 않는 자유함이 있습니다. 또한 "내일 일은 내일 염려할 것이요"라는 말씀처럼 우리는 오늘을 사는 것도 기적이라고 생각합니다. 내일 일은 모든 것이 주님의 손에 있음을 믿습니다. 그러므로 오늘도 내일도 매이지 않는 자유가 있고, 그 자유로 인해 누리는 심령의 평안이 있습니다. 그러나 아그립바 왕과 버니게에게 이 자유함이 있나요? 없습니다. 이것이 바울이 긍지를 가지고 그들과 대면할 수 있었고, "나처럼 되기를 바란다"는 말을 담대하게 할 수 있었던 이유입니다.

셋째, 예수 믿는 사람이 자존심을 갖는 것은 내세에서 영원히 누릴 영생을 소유하고 있기 때문입니다. "예수께서 가라사대 나는 부활이요 생명이니 나를 믿는 자는 죽어도 살겠고 무릇 살아서 나를 믿는 자는 영원히 죽지 아니하리니 이것을 네가 믿느냐"고 하실 때 "주여 그러하외다 주는 그리스도시요 세상에 오시는 하나님의 아들이신 줄 내가 믿나이다"(요 11:25~26)라고 고백하는 믿음을 우리는 가지고 있습니다. 이 고백과 함께 영생을 선물로 받았습니다. 영생에 대해 예수님은 이렇게 말씀하십니다. "사람이 만일 온 천하를 얻고도 제 목숨을 잃으면 무엇이 유익하리요 사람이 무엇을 주고 제 목숨을 바꾸겠느냐"(마 16:26).

즉 왕이 되어 한평생을 희희낙락하면서 살았다 할지라도 영원히 사는 생명을 잃어버렸다면 무슨 소용이 있겠느냐는 반문으로 세상의 모든 것을 잃어버리더라도 이 영생만 소유한다면, 거지 나사로와 같은 인생을 살더라도 후회할 일이 없다는 말씀입니다. 영생은 너무 소중한 것이라 세상의 다른 것은 다 포기할지라도 이것만은 놓치지 말아야 합니다. 마태복음 13장 44절에 "천국은 마치 밭에 감추인 보화와 같으니 사람이 이를 발견한 후 숨겨 두고 기뻐하며 돌아가서 자기의 소유를 다 팔아 그 밭을 샀느니라"고 했습니다.

영생을 소유하지 못했다면 아그립바 왕처럼 화려한 인생을 살았어도, 영원히 후회하는 패배자가 되어 버립니다. 무슨 일이든 끝이 중요합니다. 영생의 문제에 있어서는 더욱 그렇습니다. 영생을 얻었느냐, 얻지 못했느냐에 따라 한 인간이 잘 살았느냐, 잘못 살았느냐 하는 인생의 질이 결정됩니다. 한 번 태어난 목숨은 언제고 예외 없이 죽게 되어 있습니다. 그러므로 인생의 끝이 좋으려면 영원히 누릴 영광으로 이어져야 하고, 그렇게 되기 위해서는 끝을 좌우하는 권세를 가진 예수를 우리 안에 모셔야 합니다. 예수님은 자신을 일컬어서 "나는 알파와 오메가요 처음과 나중이요 시작과 끝이라"(계 22:13)고 하셨습니다. 예수님을 붙들고 영생을 소유한 자는 끝을 바로 잡은 사람입니다. 인생의 성패는 이 땅에서 얼마나 오래 사느냐에 달려있는 것이 아니라 내세에서 영원히 살 수 있느냐, 없느냐의 여부에 달려 있는 것입니다.

최근에 한국인의 수명이 많이 길어졌다는 신문 기사를 보았습니다. 남자는 67세이고 여자는 75세였습니다. 그래서 남편이 부인의 나이보다 다섯 살 이상이면 남편이 세상을 뜬 뒤 부인 혼자 12년 이상을 더 살아야 한다는 계산까지 나온다고 합니다. 어쨌거나 예전에 평균 수명이 41세일 때에 비하면 얼마나 감사한 일인지 모릅니다. 그러나 솔직히 터놓고 이야기해 봅시다. 41세에 죽으나 67세, 혹은 75세에 죽으나 무슨 차이가 있습니까?

우연한 기회에 어느 목사님과 함께 비행기의 2등석을 탄 일이 있습니다. 의자와 의자 사이가 넓어 자유롭게 드나들 수 있었고 승무원들도 얼마나 친절하게 잘 섬기는지, 열 몇 시간을 오는데도 3등석에 앉아서 올 때보다는 피곤도 덜하고 기분이 훨씬 좋았습니다. 그런데 여행을 마치고 공항 청사에서 입국 수속을 받느라고 줄을 서 있을 때였습니다. 제가 옆에 있는 목사님을 쳐다보니까 그분이 나를 향해 씩 웃는 것이었어요. 그래서 나도 따라서 씩 웃었어요. 2등석에서 열 몇 시간을 쾌적하게 여행한 사람이나 3등석에서 고생한 사람이나 비행기에서 내리고 보니 다를 게 없다는 사실을 실감하는 데서 나오는 쓴웃음이었습니다.

인생도 마찬가지입니다. 아그립바와 같이 팔자 좋은 생을 살다가 종착역에 서는 사람이나, 거지 나사로처럼 힘겹게 살다가 종착역에 서는 사람이나 돌이켜보면 다를 것이 없습니다. 굳이 다른 것을 찾는다면 편히 산 사람이 배가 좀더 나왔다거나 주름살이 덜 생겼다는 정도일 것입니다. 결국 어떤 사람이 복이 있느냐, 없느냐 하는 것은 마지막에 영생을 붙들었으냐, 영원한 죽음을 붙들었느냐 하는 것으로 판가름이 납니다. 여러분, 그 순간이 얼마나 중요합니까?

바울이 볼 때 아그립바 왕은 끝을 잘못 잡은 사람이었습니다. 그래서 불쌍하게 보였습니다. 왕뿐만이 아니라 그 자리에서 바울의 말을 듣고 있던 많은 사람들도 같은 처지였습니다. 세상에서 잠시 죄수로 살다 내세에서 영원히 왕자로 사는 것은 세상에서 잠시 왕으로 살다 내세에서 영원히 죄수로 사는 것과 비교할 수 없는 복이었기에 바울은 자신의 결박당한 것 외에는 그들 모두가 자신과 같이 되기를 원한 것입니다.

이제 바울과 같은 자존심이 우리 자신에게 있는지 살펴야 할 때입니다. 당신은 아그립바와 버니게를 부러워합니까? 만약 그렇다면 그것은 예수를 모신 당신 자신에 대한 모욕입니다. 또 쇠사슬을 차고 외로이 복음을 전하는 바울이 초라하게 보입니까? 그렇다면 당신은 어딘가 잘못된 그리스도인입니다.

우리 중에 아직도 인생을 향해서 비굴하게 구걸하는 자와 세상 부귀 영화를 하늘의 영광보다 부러워하는 자가 있다면 성령께서 이 자리에 임하셔서 그 능력으로 치료해 주시기를 바랍니다. 그리고 세상 사람들이 모르는 하나님의 의와 평화와 기쁨과 자유함을 누리는 사람 되게 하시고, "모든 사람이 나처럼 되기를 바란다"고 증거하던 바울의 자존심을 우리에게 회복시켜 주시기를 바랍니다.

생긴대로 삽시다

오직 너희는 택하신 족속이요 왕 같은 제사장들이요 거룩한 나라요 그의 소유된 백성이니 이는 너희를 어두운 데서 불러내어 그의 기이한 빛에 들어가게 하신 자의 아름다운 덕을 선전하게 하려 하심이라 너희가 전에는 백성이 아니더니 이제는 하나님의 백성이요 전에는 긍휼을 얻지 못하였더니 이제는 긍휼을 얻은 자니라. 베드로전서 2 : 9~10

하나님께서는 우리에게 구원의 옷을 입혀 주셨습니다. 이것은 보이지 않는 예수 그리스도의 의(義)의 옷입니다. 영광스럽고 찬란한 이 옷은 우리가 하나님 나라에 들어갈 때 비로소 우리 눈에 보이게 될 것입니다. 의의 옷을 입은 우리는 제사장이 된 것입니다.

나는 누구인가?

신앙 생활을 하면서 여러분은 한 번쯤은 "나는 누구인가?"라고 자문해 보았을 것입니다. 이 질문에 대한 답변은 예수님이 제자들에게 "너희는 나를 누구라 하느냐" 물으시고 그 답변을 중요하게 여기신 것처럼, 오늘날 우리에게도 대단히 중요합니다. 왜냐하면 그것은 한 사람의 사고와 삶의 방식을 근본적으로 바꿀 수 있기 때문입니다.

교회를 개척하면서 품었던 비전은 모든 평신도가 자신이 누구라는 것을 분명하게 알도록 가르치겠다는 것이었습니다. 하지만 교회 성도들치고 자기가 누구인가를 잘 모르는 사람이 있습니까? 적어도 "나는 하나님의 자녀다", 혹은 "나는 그리스도인이다"라는 대답쯤은 누구든지 할 수 있습니다. 그런데 이것에 대한 답변을 달리 요구할 필요를 느낍니다. 나는 기독교인이다라는 보편적인 인식만으로는 자신의 신분을 정확하게 파악했다고 말할 수 없기 때문입니다. 오늘날 많은 사람들이 교회로 몰려들고 있음에도 교회가 제구실을 못하고 점점 무력한 집단으로 변해 가고 있는 것이 그 증거입니다. 믿지 않는 사람들이 교회를 단지 종교 의식을 행하는 단체들 중 하나로 보는 이유도 여기에 있습니다.

우리의 제사장 신분

이런 의미에서 오늘 이 말씀을 통해 우리 자신이 '왕과 같이 귀한 제사장'이라는 주체 의식을 분명히 확인하는 시간을 갖고자 합니다. '제사장'이라는 말은 단순히 개념적이고 상식적인 선에서 다룰 수 있는 용어가 아니다. 구약 시대의 제사장은 하나님께서 특별하게 선택한 사람이었습니다. 이스라엘 백성 중에 12지파, 12지파 중에서도 레위 지파, 레위 지파 중에서도 아론의 집안, 아론의 집안 중에서도 하나님 보시기에 가장 좋은 아들들만 뽑은 것입니다. 그러므로 제사장이야말로 이스라엘의 엘리트이며, 가장 거룩한 존재들이었습니다. 일생 동안 성전에서 살면서 하나님을 섬기는 일에 그들의 전 삶을 헌신할 수 있도록 특권을 부여받은 계급이었던 것입니다.

이렇게 특별한 사람에게 주어지던 직분이 신약 시대에 와서는 누구에게 넘어왔습니까? 본문의 5절, "너희도 산 돌 같이 신령한 집으로 세워지고 예수 그리스도로 말미암아 하나님이 기쁘게 받으실 신령한 제사를 드릴 거룩한 제사장이 될지니라." 그리고 9절, "오직 너희는 택하신 족속이요 왕 같은 제사장들이요 거룩한 나라요 그의 소유된 백성이니"에서 너희란 본도와 갈라디아, 갑바도기아, 그리고 아시아와 비두니아에 흩어져 사는 평범한 그리스도인들을 가리키는 것입니다. 동시에 예수 믿는 우리를 가리킵니다. 하나님께서는 구약 시대의 특별한 제사장의 신분을 우리에게 그대로 넘겨 주신 이 엄청난 사실을 베드로를 통해서 확인해 주셨습니다.

그러나 사실 이것은 이미 예수님이 오시기 7, 8백 년 전에 이사야 선지자를 통하여 예언된 것입니다. 이사야 61장 6절을 보십시오. "오직 너희는 여호와의 제사장이라 일컬음을 얻을 것이라." 그리고 하나님은 사도 요한에게 주신 계시를 통해서 교회가 장차 하나님 나라로 완성되는 그날, 그 나라에서 살게 될 모든 백성들이 제사장이 될 것이라는 사실을 다시 한 번 확증해 주셨습니다. 요한계시록 1장 6절을 보십시오. "그 아버지 하나님을 위하여 우리를 나라와 제사장으로 삼으신 그에게 영광과 능력이 세세토록 있기를 원하노라."

그러므로 신약 시대를 사는 모든 성도들은 이스라엘 중에서 뽑힘을 받은 레위 지파요, 레위 지파 중에 뽑힘을 받은 아론의 집안이요, 아론의 집안 중에서도 특별히 하나님의 눈에 든 고귀한 신분의 소유자라는 사실을 분명히 알아야 합니다.

저는 꽤 교인이 많이 모인다는 어떤 교회가 이 제사장 신분에 대해서 잘못 가르치고 있는 것을 보았습니다. 교회 이름을 밝힐 수는 없지만, 그곳에서는 목사만 제사장이라고 가르칩니다. 목사만 기름 부음받은 종이라는 것입니다. 기름 부음이 무엇입니까? 안수받은 것을 의미합니다. 즉 안수받은 목사의 신분은 제사장이고, 안수받지 않은 평신도의 신분은 이스라엘 백성과 같다는 논리를 내세우는 것입니다.

물론 그 교회에서도 영원한 대제사장은 오직 예수 그리스도 한 분뿐이시며, 그 자리는 인간에게 계승되지 않는다는 기독교 교리에 대해서는 이견을 달지 않습니다. 그러나 그들은 어처구니없게도 목사만 제사장이므로 구약 시대처럼 십일조를 전부 목사에게 돌려야 한다고 가르치며, 1년 예산을 세울 때 십일조는 아예 거기에 포함시키지도 않습니다. 따라서 목사 사례비를 따로 정하지 않고, 십일조 명목의 헌금이 얼마든지 간에 그것을 모두 목사 앞으로 돌리는 것입니다. 물론 목사가 그것을 전적으로 자기만을 위해서 썼겠습니까? 구제도 하고 선교비로도 썼을 것입니다. 그럼에도 그러한 가르침을 옳은 진리로 알고 받아들이는 평신도가 불쌍하다는 생각이 들기는 마찬가지입니다.

성경은 그렇게 가르치지 않습니다. 우리 모두가 제사장인데, 목사가 교회 안에서 무슨 자격으로 십일조를 거두어 간다는 말입니까? 그럴 자격이 있는 사람은 아무도 없습니다. 이런 교회일수록 평신도들은 피동적이고 소극적인 사고방식을 갖게 됩니다. 목사가 시키는 것만 하지 능동적으로 신앙 생활을 할 줄은 모릅니다. 뿐만 아니라 교회 일에 좀더 충성하지 못하는 것에 대해서도 "나는 평신도니까"라는 변명을 늘어 놓기에 급급합니다. 그 교회 안에 성도가 아무리 많다 할지라도, 목사만 제사장이라는 가르침에 익숙해진 사람들이 세상에 흩어져서 살아갈 때 과연 무슨 힘을 행사할 수 있겠습니까? 평신도의 자의식의 결핍이야말로 오늘날 그 많은 교인수에도 불구하고 한국 교회가 무력해지는 원인이 되고 있습니다.

미국 로스앤젤레스에서 집회를 인도할 때, 플라톤에 있는 어느 한인 교회로부터 초청을 받아 수요일 저녁에 그 교회를 방문한 적이 있습니다. 찰스 스윈돌이 목회하던 교회인데, 지금은 한국 교회가 인수해서 사용하고 있는 대단히 아름다운 건물이었습니다. 그 곳에서 저는 "평신도 여러분이 깨어야 한다"는 주제로 설교를 했습니다. 왜냐하면 LA 집회의 대주제가 "깰 때가 되었다"였기 때문입니다. "깬다는 것은 평신도 개개인이 자신이 누구인가를 정확히 깨닫는 것이다"라는 요지의 메시지를 전한 그 다음날, 저는 다음과 같은 이야기를 전해 듣게 되었습니다.

약 2년 전에 뉴욕에서 성공적으로 목회를 하고 있는 목사님이 그 교회에 와서 4일 간의 집회를 인도하면서 "목사만 제사장이고 따라서 목사를 위해서 봉사하고 섬기는 것이 곧 주님을 섬기는 것"이라는 내용의 설교를 했다는 것입니다. 평소에 성경 공부도 하지 않고, 예배에 참석하는 것이 신앙 생활의 전부인 줄 알았던 그들은 성경을 잘 모르니 어찌할 도리 없이 그 말을 순진하게 받아들일 수밖에 없었겠지요.

그런데 그로부터 불과 2년 후에 옥 목사로부터 "여러분은 제사장이고, 신분상으로 목사와 전혀 구분이 없는 사람이므로 목사가 교회에 충성하는 만큼 평신도들도 충성해야 하고, 또 목사가 하나님을 사랑하는 것만큼 여러분도 하나님을 사랑해야 한다"는 설교를 들었으니 그들이 얼마나 혼

란스러웠겠습니까? 감사하게도 그들은 예배를 마치고 나가면서 "목사님, 이제야 제대로 배웠습니다"라며 기쁨에 넘쳐서 돌아갔습니다.

그 교회를 보면서 잘못된 가르침이 교인들에게 영적으로 얼마나 심각한 해를 입힐 수 있는지를 분명하게 깨닫게 되었습니다. 그런 의미에서 성도들에게 '나는 누구인가'에 대해 분명하게 가르치는 일은 아무리 강조해도 지나치지 않습니다.

어느 교단의 교역자들 6, 7백 명 가량 모이는 곳에서 특강을 하다가 우연히 이 문제를 다루게 된 적이 있었습니다. 그때 제가 "여러분 가운데 목사만 제사장이라고 생각하는 분이 계시면 손 좀 들어 주십시오" 했더니 손을 드는 사람들이 여러 명 있었습니다. 그렇게 생각하는 목회자라면 교역자와 평신도는 신분이 다르다고 가르칠 것이 뻔합니다. 그러나 이것이야말로 가톨릭이 남겨 놓은 냄새 나는 유물입니다. 이는 '교역자는 하나님의 기름 부음을 받은 자들이니 그 수준까지 도달하는 것이 당연하고, 우리는 평신도이니 거기에 못 미쳐도 괜찮다'는 사고의 근저가 되는 것입니다.

요즘 평신도들의 사회적, 교육적 수준이 얼마나 높습니까? 한 사람, 한 사람을 놓고 보았을 때 너무도 귀한 분들이 교회 안에서 예수 믿고 새 생활을 시작했는데, 주체 의식이 바르게 정립되지 않아서 낭비적이고 소극적인 신앙 생활을 하는 것을 보면 안타깝기 그지없습니다. 교회에 그런 사람 몇천 명이 모인들 무슨 의미가 있습니까? 그들은 천당에는 갈 수 있을지 모르지만, 하나님께서 이 세상에서 이루고자 하시는 뜻을 성취하는 데는 쓸모없는 오합지졸에 불과할 뿐입니다. 이 모두가 "내가 제사장이다"라는 신분에 대한 올바른 확신이 없기 때문에 빚어진 결과들입니다.

그리스도께 죄가 전가됨

우리는 하나님이 세상에서 선택하신 거룩한 제사장입니다. 제사장으로서 행해야 할 절차도 이미 다 치르었습니다. 이것은 레위기 8장에 나타난 구약 시대 제사장의 임명 의식을 가지고 우리 자신을 비교해 보면 확인할 수 있습니다. 아론과 그의 아들들을 임명할 때 무엇보다도 중요한 것은 깨끗게 하는 의식, 곧 그들의 죄를 용서받는 의식을 행하는 것이었습니다. 그 방법은 두 가지였는데, 먼저 수송아지 머리 위에 아론과 그의 아들들이 손을 얹고 자신의 모든 죄를 고백하는 기도를 드린 다음 그것을 대속의 제물로 드리는 것입니다. 아론이 이들을 대표해서 이렇게 기도하지 않았을까요? "하나님 아버지, 저는 죄인 중에 죄인입니다. 이 더러운 죄인이 어떻게 영광스러운 하나님을 섬기는 제사장이 될 수 있겠습니까? 주님, 저의 모든 죄를 이 송아지에게 다 넘기오니 이 송아지에게 제 모든 죄의 값을 갚으시고 저를 용서해 주옵소서." 이러한 아론의 기도에 그의 아들들도 "아멘" 했을 것입니다. 기도가 끝난 다음에 칼로 수송아지의 목을 찔러서 피를 내고, 껍질을 벗기고, 각을 떠서 그 제물을 제단에 올려 놓고 불로 태웠습니다. 이것이 모든 죄를 용서받는 하나의 절차였습니다.

그러면 우리에게는 이런 절차가 없었습니까? 아닙니다. 우리도 처음으로 예수 믿게 되었을 때 보이지 않는 믿음의 손을 주님께 얹고 죄를 고백하고 용서를 구하는 기도를 했습니다. "하나님 아버지, 저는 태중에서도 죄인이었고 태어나서도 죄인이었습니다. 죄인 중에 괴수된 저의 죄를 예수님의 머리 위에 다 돌리오니 하나님께서 제게 벌하실 모든 죄의 값을 예수님에게 돌리시옵소서." 이 기도를 들으시고 하나님이 우리의 죄를 다 예수께 돌리셨으며, 십자가의 피로 우리의 모든 죄를 씻으시고 용서하셨습니다. 이 의식은 완전하여 우리의 원죄와 우리 내면에 잠재된 죄 의식까지도 깨끗게 하셨습니다. 그리고 "이제 그리스도 예수 안에 있는 자에게는 결코 정죄함이 없나니"(롬 8:1)라고 선언하셨습니다. 예수의 피로 씻음받은 우리는 하나님 앞에서 다시는 죄인이라고 정죄당하지 않습니다. 이미 제사장이 되는 의식을 행한 것입니다.

죄 용서의 길

아론과 그의 아들들은 수소의 피로 깨끗함을 받는 것만으로는 아직 완전하지 못했습니다. 그들은 하나님 앞에 죄 용서를 받았다 할지라도 다시 죄를 범하는 약점을 지닌 인간이었기 때문입니다. 그러므로 그들에게는 물로 목욕을 하는 또 하나의 의식이 필요했던 것입니다.

우리도 마찬가지입니다. 예수를 믿음으로써 하나님 앞에 우리의 근본적인 죄는 용서받았지만, 우리의 연약함으로 인하여 다시 범하는 죄에 대해서는 어떻게 합니까? 하나님은 우리를 너무나 잘 아십니다. 그렇다고 해서 다시 죄짓는 것을 방치하는 하나님도 아니십니다. 그래서 길을 열어 주셨습니다. 요한일서 2장 1절을 보십시오. "만일 누가 죄를 범하면 아버지 앞에서 우리에게 대언자가 있으니 곧 의로우신 예수 그리스도시라." 하나님은 우리가 더 이상 죄를 범하지 않기를 원하십니다. 그러나 우리가 연약해서 죄를 범하는 일이 있으면 우리 대신 아버지 앞에 우리를 변호해 주시는 대언자가 계시다는 것입니다. 바로 예수 그리스도십니다. 하나님은 우리가 예수께 죄를 고백하면 물로 아론과 그의 아들들을 깨끗게 하셨듯이 우리를 깨끗하게 하신다고 말씀하셨습니다. 물론 그렇다고 반복해서 죄를 범하고도 아무런 가책을 받지 않아도 된다는 말은 아닙니다. 용서를 받으면 받을수록 죄를 더 멀리하게 되는 것은 하나님의 일이지만, 용서받았다고 해서 점점 더 죄를 잘 짓게 되는 것은 마귀의 역사라는 것을 잘 구별해야 합니다.

우리는 근원적으로 이미 용서함을 받은 하나님의 자녀요, 제사장이기 때문에 예수께 죄를 고백하면 영원한 사죄의 은총이 보장되어 있습니다.

의의 옷을 입음

이 목욕 의식 다음에 아론과 그의 아들들은 예복을 차려 입었습니다. 속옷 위에 에봇을 입고, 띠를 띠고, 흉패를 매고, 관을 썼습니다. 하나님이 우리에게는 어떤 의복을 입혀 주셨습니까? 이사야 61장 10절을 봅시다. "그가 구원의 옷으로 내게 입히시며 의의 겉옷으로 내게 더하시며 신랑이 사모를 쓰며 신부가 자기 보물로 단장함 같게 하셨음이라." 하나님께서는 우리에게 구원의 옷을 입혀 주셨습니다. 이것은 보이지 않는 예수 그리스도의 의(義)의 옷입니다. 영광스럽고 찬란한 이 옷은 우리가 하나님 나라에 들어갈 때 비로소 우리 눈에 보이게 될 것입니다. 이 세상에서 비록 초라한 옷을 입고 가난하게 살았을지라도 하나님은 우리를 아름답게 단장한 신부로 보아 주십니다. 의의 옷을 입은 우리는 제사장이 된 것입니다.

성령의 기름 부음

또 하나, 아론과 그의 아들들은 제사장이 되기 위하여 기름 부음 받는 의식을 행하였습니다. 신약 시대에 있어서 '기름'은 무엇입니까? 그것은 성령을 말합니다. 요한일서 2장 27절에 "너희는 주께 받은바 기름 부음이 너희 안에 거하나니"라고 했습니다. 예수 믿는 사람은 예외 없이 기름 부음을 받았습니다. 이미 그 마음 가운데 성령이 계신다는 것입니다. 답답한 것은 자신이 성령의 사람이라는 확신이 없는 성도가 우리 중에 꽤 많이 있다는 사실입니다. 그것은 독특한 체험만이 성령이 임재해 계신 증거라는 잘못된 인식에서 비롯된 것입니다.

방언을 강조하고 귀신을 쫓아내는 교회에 사람들이 몰리는 것을 봅니다. 성령을 받았다는 특별한 증거가 있어야 믿음도 더 강해진다는 그들의 주장은 나름대로 일리가 있습니다. 믿음이 약한 자가 방언을 하고 나서, 혹은 병 고침을 받고 나서 그 믿음이 강해지는 것은 사실입니다. 하지만 성령이 함께 하신다는 증거를 꼭 체험에서 찾으려고 하는 태도에는 문제가 있습니다.

성경을 보면 신약 시대 초기에는 개인이나 교회에 특별한 성령의 역사가 많았지만 그 후의 기록에 나타난 개인이나 교회들은 평범한 가운데 성령의 임재를 알았으며, 평범한 가운데 성령이 함께 하심을 믿었다는 사실을 발견 수 있습니다. 그들이 그런 믿음을 가질 수 있었던 것은 무엇 때문이었을까요?

LA에 사는 어떤 부인이 낮에는 음식점으로, 밤에는 그 자리를 나이트클럽으로 운영해서 많은 돈을 벌었다고 합니다. LA 경찰 당국에서 요주의 인물로 주시하고 있는 한국계 청소년들 600여 명 중 상당수가 그 곳을 드나들었을 것입니다. 그런데 놀랍게도 그녀가 예수를 믿게 되었습니다. 예수 믿자마자 하나님 말씀에 눈이 열린 그녀는 날마다 성경을 들고 살다시피 했습니다. 하지만 50세가 넘어서인지 기억력이 별로 좋지 않아서 자꾸 잊어버리니까 아예 중요한 부분은 쓰기 시작했다고 합니다. 손가락에 못이 박힐 정도로 반복해서 쓰고 또 썼습니다.

그렇게 변화된 그녀가 나이트 클럽을 예전과 같이 운영해 나갈 수 있었겠습니까? 2~3년의 세월이 흐르는 동안 오히려 큰 빚을 지고 말았지만, 그 과정에서 그녀는 전혀 다른 존재로 변화되는 은혜를 맛보았습니다. 그녀는 이렇게 간증했습니다. "예수 믿은 이후로 하나님께서 나의 재물을 빼앗아 가셨지만 저는 그것을 문제시하지 않습니다. 그분은 돈 대신 저에게 너무나 큰 선물을 주셨기 때문입니다. 돈이 있을 때 그렇게 애를 먹이던 남편과 아이들이 이제는 바르게 살려고 애쓰는 모습을 볼 때 얼마나 기쁜지 모르겠습니다. 저는 이 생활이 너무 좋습니다."

여러분, 기름 부음 받은 증거를 어디에서 찾습니까? 성령이 함께하시는 증거를 어디에서 찾습니까? 그것은 바로 인격과 가치관 그리고 생활 태도의 변화에서 찾아야 합니다. 또한 하나님 말씀을 깨닫는 데서 찾아야 합니다. 그렇게 되면 그 부인처럼 과거에 좋다고 생각하던 것을 버리게 됩니다. 자신도 모르게 무릎을 꿇고 기도하는 사람으로 바뀌게 됩니다. 사랑하지 못했던 사람을 사랑하게 되고, 조급하고 신경질적이던 성격이 포용력 있는 성격으로 바뀌게 됩니다. 이런 증거가 드러날 때 "나는 기름 부음을 받은 제사장이다"라고 말할 수 있는 것입니다.

구별된 존재

그 다음에 아론과 그의 아들들은 수송아지의 피를 귓밥과 엄지손가락 그리고 엄지발가락에 칠했습니다. 이것은 온몸이 하나님을 위해서 구별되었다는 것을 표하는 것입니다. 우리에게도 이와 같은 역사가 있습니다. 하나님이 우리를 세상 사람과 완전히 구별해서 하나님만 위해 살도록 만들어 놓으셨습니다. 우리의 몸은 너무나 고귀합니다. 성경에 진주를 돼지에게 던지지 말라는 말씀이 있습니다(마 7:6). 진주는 복음만을 의미하는 것이 아니라 예수의 피로 구별된 우리의 거룩한 몸도 의미합니다.

성경은 "너희 몸을 하나님이 기뻐하시는 거룩한 산 제사로 드리라"(롬 12:1)고 했습니다. 그러므로 이제는 우리의 거룩한 몸을 세상에서 함부로 더럽혀서는 안됩니다. 조금 덜 벌면 어떻습니까? 좀 작은 집에 살면 또 어떻습니까? 비록 경쟁에서 밀려날지라도 세상 사람들처럼 수단 방법 가리지 않고 살면 안됩니다. 살아 계신 하나님께서 "너희는 먼저 그의 나라와 그의 의를 구하라 그리하면 이 모든 것을 너희에게 더하시리라"(마 6:33)고 말씀하십니다. 그분 자신이 우리의 기업이 되신다는 뜻입니다.

구약 시대에는 제사장들에게 땅을 주지 않았습니다. 하나님만이 그들의 기업이었기 때문입니다. 마찬가지로 신약 시대의 제사장인 우리에게 하나님은 세상에서 영원히 먹고 살 수 있는 기업을 주시지 않습니다. 우리의 현재와 미래는 모두 하나님 손에 달려 있습니다. 우리의 신분이 제사장이기 때문입니다.

한국 풍토에서는 장로 직분과 사업을 병행할 수 없어서 이민을 왔다는 어떤 장로님을 LA에서 만난 적이 있습니다. 세상 사람들과 같은 방식으로 비즈니스를 할 수 없었다는 뜻입니다. 그러나 아브라함 때에도 세상은 악했습니다. 뿐만 아니라 지난 2천여 년 동안의 기독교 역사를 볼 때 어느 때, 어느 장소를 막론하고 예수 믿는 사람이 안심하고 비즈니스를 할 수 있을 만큼 세상이 깨끗했던 적은 한 번도 없었습니다. 그러나 감사하게도 위대한 하나님의 자녀들은 승리했습니다. 하나님이 지혜를 주셨기 때문입니다. 중요한 것은 자신이 구별된 거룩한 존재라는 사실에 대한 확신입니다.

우리는 제사장입니다. 제사장의 영광스러운 신분을 함부로 땅에 굴리지 마십시오. 죄와 타협하지 마시고, 세상 사람들의 사고 방식을 그대로 추종하지 마십시오. 대궐 같은 집에 초대받아 가 보면 의외로 그 집에 사는 사람들의 내면은 말할 수 없이 황폐한 경우를 가끔 볼 수 있습니다. 차라리 작은 집에 살면서 하나님 나라의 곳간에 재물을 쌓는 생활을 했다면, 그 사람의 제사장 신분이 얼마나 영광스럽게 보이겠습니까?

우리는 믿지 않는 자들과 삶의 패턴이 완전히 다른 존재들입니다. 결코 더럽혀지거나 세상 사람의 발 밑에 짓밟히는 존재가 되어서는 안됩니다. 여러분 모두 하나님께서 선택하신 거룩한 제사장답게 남은 생을 살아야 합니다.

당신의 삶 전부를 변화시켜야 합니다

그러므로 형제들아 내가 하나님의 모든 자비하심으로 너희를 권하노니 너희 몸을 하나님이 기뻐하시는 거룩한 산 제사로 드리라 이는 너희의 드릴 영적 예배니라 너희는 이 세대를 본받지 말고 오직 마음을 새롭게 함으로 변화를 받아 하나님의 선하시고 기뻐하시고 온전하신 뜻이 무엇인지 분별하도록 하라. 로마서 12 : 1~2

우리가 삶을 가치 있게 보는 이유는 하나님께서 우리의 몸을 자기가 기뻐하시는 거룩한 제사로 받으시겠다고 약속하셨기 때문입니다. 하나님이 받으시는 것이기에 가치가 있습니다.

얼마 전에 신문지상을 통해 참으로 가슴 아프고 충격적인 사건을 접한 적이 있습니다. 고등학교 3학년 여학생들이 하숙집에 연탄을 피워 놓고 동반 자살을 한 사건입니다. 그들이 남긴 유서에는 이런 글들이 적혀 있었다고 합니다. "행복한 기분으로 죽고 싶다. 난 절대 후회하지 않는다. 나의 갈 길은 오직 이 길뿐, 다른 길이 없다. 하나님, 절대로 깨어나지 못하게 해주세요." 17세라는 꽃다운 나이에 스스로 목숨을 끊을 만한 이유가 무엇이었을까요?

그들은 17년 동안 부모님 슬하에서 사랑을 받으며 성장했습니다. 지나온 세월 동안 부모님에게 왜 세상을 살아야 하는가를 배우려고 했을 것입니다. 그러나 부모들이 그 이유를 가르쳐 주지 못한 것 같습니다. 그들은 또한 12년 동안의 학창 시절을 보냈습니다. 선생님으로부터 삶의 이유를 배우기 원했을 것입니다. 그러나 선생님들 역시 만족할 만한 대답을 해주지 못한 것 같습니다. 결국 그들이 도달한 결론은 자살이었습니다. 삶의 허무로부터 탈출할 수 있는 유일한 길은 죽음밖에 없다고 생각한 것입니다. 안타까운 것은 우리 주변에는 자살한 이 여학생들과 같은 눈으로 인생을 바라보는 사람들이 한두 명이 아니라는 사실입니다. 다른 점이 있다면 그 여학생들은 자기 생명을 끊을 용기가 있었는데 반해, 그들은 그저 죽지 못해 살고 있다는 것뿐입니다. 톨스토이는 대문호답게 삶의 허무를 안고 몸부림치는 자신의 모습을 이렇게 표현했습니다.

"삶의 목표가 무엇인가? 죽기 위해서 사는 것인가? 그렇다면 아예 자살해 버릴까? 아니다. 자살을 하기엔 난 용기가 없다. 그러면 죽음이 올 때까지 군말 없이 견딜까? 그것 역시 두렵기는 마찬가지다. 결국 나는 어쩔 수 없이 살 수밖에 없다. 그러나 무엇을 위해서 산단 말인가? 죽기 위해서 산단 말인가? 끝없이 반복되는 이러한 질문들의 굴레에서 벗어나고 싶어

손에 잡히는 대로 책을 읽어 본다. 그러나 그것도 잠시뿐, 이내 똑같은 질문이 나를 괴롭힌다. 드러누워 눈을 감아 보지만 더 괴로울 뿐이다."

얼마나 많은 사람들이 톨스토이처럼 인생의 의미를 알지 못한 채 허우적거리다가 지쳐 쓰러져 있는지 모릅니다. 하루하루를 마지못해 살아가고 있는 것입니다.

크리스천의 삶이 가치 있는 이유

그러나 예수를 발견한 사람은 절대 이와 같은 생의 허무를 용납할 수 없습니다. 예수를 통해 새 생명을 찾은 사람들은 인생이 허무하다는 말을 하지 않습니다. 뚜렷한 삶의 목적이 있기 때문입니다. 또한 그들은 날마다 기쁨으로 살아갑니다. 예수 믿는 사람이 이처럼 삶의 희열을 느끼며 살 수 있는 이유는 무엇일까요?

본문 1절에 그 이유가 나와 있습니다. "그러므로 형제들아 내가 하나님의 모든 자비하심으로 너희를 권하노니 너희 몸을 하나님이 기뻐하시는 거룩한 산 제사로 드리라 이는 너희의 드릴 영적 예배니라." 우리가 삶을 가치 있게 보는 이유는 하나님께서 우리의 몸을 자기가 기뻐하시는 거룩한 제사로 받으시겠다고 약속하셨기 때문입니다. 하나님이 받으시는 것이기에 가치가 있는 것입니다. 하나님이 기뻐하시는 것이기에 의미가 있는 것입니다. 우리는 택하신 족속이요, 왕 같은 제사장입니다(벧전 2:9). 제사장으로서 우리가 우리 몸을 제사로 드리면 기쁘게 받으신다는 것입니다. 이 약속의 말씀이 있기 때문에 우리는 인생의 허무라는 말을 용납할 수 없는 것입니다.

몸의 의미

그러면 여기에서 몸은 구체적으로 무엇을 말합니까? 어떤 학자들은 이것을 우리의 전인격으로 해석합니다. 그러나 저는 그보다는 흙에서 나서 흙으로 돌아가야 하는 우리의 육체를 말한다고 봅니다. 고린도전서 6장 19~20절을 보십시오. "너희 몸은 너희가 하나님께로부터 받은바 너희 가운데 계신 성령의 전인 줄을 알지 못하느냐 너희는 너희 것이 아니라 값으로 산 것이 되었으니 그런즉 너희 몸으로 하나님께 영광을 돌리라." 여기에서도 몸은 우리의 육체를 가리킵니다. 예수 믿고 구원받은 이후에 우리의 몸은 성령이 거하시는 처소가 되었습니다. 하나님이 영광을 받으시는 성전이 된 것입니다. 이렇게 생각할 때 본문 1절의 몸은 육체를 의미하는 것이 분명합니다.

바울 당시만 해도 이와 같은 사상은 대단히 충격적인 것이었습니다. 헬라 사람들은 육체를 물질로 보았고, 따라서 육체를 악한 것이라고 여기고 있었기 때문입니다. 그들에게 육체란 영혼을 가두는 감옥에 불과했습니다. 영혼만 깨끗하면 된다고 생각했기 때문에 그들은 자기 몸을 학대하거나 세상에서 마음껏 즐기며 육체를 더럽혔습니다. 이렇게 육체를 경멸하다 보니 자살하는 사람들이 많아질 수밖에 없었습니다. 육체를 경멸하는 가장 확실한 방법은 스스로 그 감옥에서 탈출하는 것, 곧 자살밖에 없는 것입니다.

예수 믿는 사람들 가운데에도 육체는 천한 것이라고 생각하는 경향이 많은 것 같습니다. 그러나 이것은 몸(soma)이라는 개념과 육신(sarkos)이라는 개념을 혼동한 데서 빚어지는 오해입니다. 성경을 유심히 읽어 보십시오. 몸과 육신이 엄연히 구별되어 사용되고 있다는 사실을 알 수 있을 것입니다. 몸은 육체를 가리키는 반면, 육신은 옛 자아 혹은 옛 사람을 가리킵니다(롬 7장). 그러므로 우리가 경멸하고 버려야 할 것이 있다면 그것은 육신이지 몸이 아닌 것입니다. 성경에서 우리의 육체를 악하다고 말하는 곳은 한 군데도 없습니다.

그럼에도 불구하고 육신과 몸을 구분하지 못해서 육체를 자학하거나 더럽히는 경향이 많습니다. 요즘 유행하고 있는 40일 작정 금식도 어떤 면에서는 육체를 경시하는 경향에서 나온 풍조의 하나가 아닌가 합니다. 물론 금식이 예수님께서도 인정하신 능력 있는 간구인 것은 분명합니다(마 17:21). 그러나 무조건 몸을 괴롭히면서 기도해야만 하나님이 들으신다는 사고 방식은 잘못된 것입니다. 금식을 부정하려는 것이 아닙니다. 다만 지나치게 몸을 학대하는 것은 성경적인 태도가 아니라는 말입니다.

'하나님의 자비'라는 동기

바울은 우리 몸이 하나님께 제물로 기쁘게 드릴 만한 가치가 있는 것이라고 말합니다. 전에는 우리의 몸이 무의미했을지 모르지만 예수 안에서 의미 있는 것이 되었다는 것입니다. 그러므로 몸을 보는 우리의 가치관이 바뀌어야 합니다. 흔히 가치관의 패러다임이 바뀔 때에는 그 배후에 어떤 강력한 동기가 있게 마련입니다. 우리의 경우도 마찬가지입니다. 우리의 가치관이 바뀌게 된 데는 강력한 동기가 있습니다.

그 동기가 무엇입니까? 본문 1절 초반부를 보십시오. "그러므로 형제들아 내가 하나님의 모든 자비하심으로 너희를 권하노니…" '하나님의 모든 자비하심으로'가 바로 그 동기입니다. 우리 성경의 번역을 보면 그 뜻이 그다지 명확하게 드러나지 않습니다. 그러나 공동번역 성경을 보면 의미가 좀더 분명해집니다. 공동번역은 이 부분을 "하나님의 자비가 이토록 크시니"라고 번역했습니다. 따라서 1절은 이런 의미인 것입니다. "내가 하나님의 자녀인 너희들에게 권한다. 하나님의 모든 자비가 이토록 크시니 너희 몸을 하나님이 기뻐하시는 거룩한 산 제사로 드려라. 하나님의 말로 다 못할 엄청난 자비를 입은 자로서 우리가 우리 몸을 하나님이 기뻐하시는 거룩한 제사로 드려야 마땅하지 않겠느냐"는 말인 것입니다.

사실 "하나님의 자비가 이토록 크시니라"는 말은 로마서 1장부터 11장까지의 모든 내용을 압축한 표현입니다. 그 내용이 무엇입니까? 어떤 죄인이라도 예수를 믿기만 하면 의롭다 함을 받고 영원한 생명을 얻는다는 것입니다. 이와 같이 놀라운 복음은 '하나님의 자비'라는 말로밖에 표현할 수 없습니다. 아무리 큰 죄인이라도 예수의 이름을 부르기만 하면 구원 얻게 되었으니 얼마나 큰 은혜요, 축복입니까?

로마서 8장 30절에 이런 말씀이 있습니다. "미리 정하신 그들을 또한 부르시고 부르신 그들을 또한 의롭다 하시고 의롭다 하신 그들을 또한 영화롭게 하셨느니라." 이것은 하나님의 자비를 드러내는 일종의 드라마라고 할 수 있습니다. 전지전능하신 하나님이 이 세상을 창조하시기도 전에 나를 자기 자녀 삼기로 작정해 놓으셨다는 것입니다. 무궁하신 자비로 나를 불쌍히 여기셔서 구원의 자녀로 선택해 주셨다는 것입니다. 이 얼마나 큰 영광입니까?

강단에 올라가면 눈시울이 뜨거워질 때가 참 많습니다. 기도를 할 때나 두 손을 들고 성도들과 함께 찬송을 부를 때 마음속에 이런 음성이 자주 들려오기 때문입니다. "내가 너를 사랑한다. 그러니까 너같이 더러운 자도 내가 사용하지 않니?" 그때마다 저는 감격에 벅차서 솟구치는 눈물을 억제하지 못하곤 합니다.

도대체 우리가 무엇인데 만세 전에 우리를 택하셨다는 것입니까? 우리가 무엇인데 우리를 구원하시고자 자기 아들을 십자가에 죽게 하셨다는 것입니까? 우리가 무엇인데 성령을 보내 주셔서 거부하고 믿지 않으려는 마음을 깨끗이 녹여 주시고 순종하는 마음을 주사 예수를 믿게 하셨다는 것입니까? 어디 그뿐입니까? 우리의 모든 죄를 사하시고 우리를 의롭다고 인정해 주셨습니다. 더 나아가 하나님께 제사를 드릴 수 있는 왕 같은 제사장으로 삼으셔서 장차 하나님과 함께 있어도 조금도 손색이 없는 그의 자녀로 만들어 주셨습니다. 다시 말해 우리를 하나님 자신처럼 영화롭게 해주셨습니다. 이 모든 은혜가 우리의 영혼에 대해서만 말하는 것이 아닙니다. 많은 사람이 영혼에 임한다고 생각하지만 하나님의 자비는 내 영혼에만 임한 것이 아니라 내 몸에도 임한 것입니다.

사람은 나이를 먹어 갈수록 몸이 후패해지게 되어 있습니다(고후 4:16). 그러다가 결국에는 죽음이라는 과정을 거쳐 흙으로 돌아가고 말 것입니다. 그러나 우리가 기억할 것은, 장차 우리의 몸이 새로운 몸으로 부활하게 된다는 사실입니다. 하나님 나라에는 우리의 영혼만 들어가는 것이 아닙니다. 부활할 때 입게 될 새 몸도 가지고 들어가는 것입니다. 이런 의미에서 우리의 구원에는 몸의 구원까지 포함되는 것입니다. 예수의 구원 사역은 영계만 아니라 물질계 전부를 포용하는 것이기 때문입니다.

하나님이 놀라운 사랑을 우리에게 베푸사 우리의 영혼뿐 아니라 몸까지 구원하여 주셨으니 이것이 얼마나 놀라운 동기가 됩니까? 우리가 이 큰 은혜를 입고도 어떻게 우리의 몸을 귀하게 여기지 않을 수 있겠습니까? 에베소서 5장 29절 말씀처럼 우리의 몸을 양육하고 보호하기를 그리스도께서 교회를 보양함과 같이 해야 할 것입니다. 하나님이 기뻐하신다는데 어떻게 우리의 몸을 주님께 드리지 않을 수 있겠습니까? 예수 믿는 자들의 헌신 뒤에는 세상이 알지 못하는 이와 같은 강하고, 뜨겁고, 거룩한 동기가 작용하고 있다는 사실을 잊지 마시기 바랍니다.

영국의 유명한 소설가 섬머셋 모옴은 이런 말을 했습니다. "만일 하나님의 존재를 생각하지 않는다면, 그리고 그분이 사람들의 행동에 어떠한 영향을 준다고 생각하지 않는다면 삶이 무슨 의미가 있겠는가? 만일 죽음이 모든 것의 끝이라고 한다면, 이 세상에서 기대할 좋은 것도, 두려워할 나쁜 것도 없다면, 다시 말해서 그 모든 것을 심판하실 하나님이라는 존재가 없다고 한다면 내가 살아야 할 이유는 무엇인가? 나는 어떻게 살아야 하는가? 도대체 어디에서 그 답을 찾아야 한단 말인가!"

그는 무신론자요, 무종교주의자였지만 옳은말을 했다고 봅니다. 하나님이 안 계신다면 나의 몸은 천한 것일 수밖에 없습니다. 나의 삶도 무의미할 수밖에 없습니다. 그런 삶은 결국 허무주의에 빠지고 말 것입니다. 그러나 우리 크리스천들은 다릅니다. 우리는 우리 안에 예수 그리스도를 모시고 사는 자들입니다. 하나님은 우리의 몸을 기쁘게 제사로 받으실 만큼 귀하게 보십니다. 그러므로 우리는 우리의 몸을 귀하게 여길 수밖에 없고, 우리의 삶을 소중하게 다룰 수밖에 없는 것입니다.

'몸을 드리라'는 말의 의미

우리는 여기에서 "우리 몸을 하나님께 드려야 한다"는 말의 의미를 분명히 해둘 필요가 있습니다. '하나님께 몸을 드린다'는 것은 전적으로 헌신하는 것을 의미합니다. 그러나 무엇이 전적인 헌신인가에 대해는 잘못 생각하고 있는 사람들이 많습니다.

어릴 때부터 이런 말을 많이 들었습니다. "하나님께 몸을 바치려면 목사가 되어 교회를 위해서 24시간 충성해야 한다. 세상 직업은 다 일시적인 것일 뿐, 하나님 나라에 가면 아무 의미 없는 것이다. 그러니 너는 목사가 되어 전적으로 주를 위해 살아야 한다." 많은 사람들은 그렇게 해야 하나님께 몸을 바치는 것이라고 생각합니다. 그렇다면 성직자가 아닌 대다수의 성도들은 어떻게 해야 합니까? 그들은 몸을 하나님께 드리는 것과 상관없는 사람들입니까?

어떤 학자의 계산에 의하면 우리가 한평생을 살면서 시간의 40퍼센트를 직장에서 보낸다고 합니다. 이것이 사실이라면 잠자는 시간이나 여가 시간을 빼고 나면 우리가 한평생을 통해 교회에 나와서 앉아 있는 시간은 계산조차 어려울 정도로 미비하다고 할 수 있습니다. 7, 80년밖에 안 되는 인생의 전부를 세상 일만 하다가 보내 버린 꼴이 될 것입니다. 이런 경우 누가 감히 하나님 앞에 가서 "내가 하나님을 위해서 몸을 드렸습니다"라고 말할 수 있겠습니까? 우리 모두가 의기소침해져서 절망할 수밖에 없을 것입니다. 차라리 지키지도 못할 로마서 12장 1절은 성경에서 도려내 버리는 것이 낫다고 생각할지도 모릅니다.

몸을 드린다는 것은 교회에서 예배하거나 성직자가 되어 헌신하는 것만을 의미하지 않습니다. 그럼 무슨 뜻입니까? 우리의 몸을 가지고 활동하는 모든 영역을 하나님이 기뻐하시는 제사가 되도록 하는 것입니다. 전 생활권이 하나님을 기쁘시게 하는 헌신이 되어야 한다는 말입니다. 다시 말해 우리의 몸을 사용해서 하는 모든 일이 하나님께 바쳐져야 한다는 말입니다. 우리가 아침부터 밤늦게까지 몸을 던져 일하는 생업이 하나님께 드리는 헌신의 성격을 가져야 합니다.

하나님은 우리에게 일을 주셨습니다. 일은 죄 때문에 들어온 것이 아닙니다. 미처 죄가 들어오기 이전에 이미 일이 있었습니다. 죄로 인해 달라진 것이 있다면 그것은 일이 몹시 힘들게 느껴지게 되었다는 것입니다. 하나님은 모든 인생에게 일을 맡기셨습니다. 이것은 예수님도 예외가 아니었습니다. 예수님께서도 자신을 두고 "아버지께서 일하시니 나도 일한다"고 분명히 말씀하셨습니다(요 5:17).

그러므로 우리는 몸으로 땀을 흘려 일해야 합니다. 우리의 몸을 움직이고, 머리를 움직이고, 그외 다른 지체를 움직여서 하는 모든 일들은 의미가 있는 것입니다. 왜냐하면 그것은 우리가 몸을 통해서 하나님께 드리는 거룩한 제사이기 때문입니다. 하나님의 지극한 자비 때문에 자기의 몸이 새로운 가치를 갖게 되었다는 것을 발견한 신자는 속된 일과 거룩한 일을 구별하지 않습니다. 목사의 일이 거룩하다면 회사 일도 거룩합니다. 교회에서 하는 일이 거룩하다면 부인들이 거의 대부분의 시간을 바치고 있는 가사도 거룩합니다. 교회가 하나님 앞에 제사 지내는 제단입니까? 여러분의 가정이나 직장도 하나님께 영광을 돌리는 제단입니다. 구별할 수가 없습니다. 우리의 삶 전부가 하나의 제사로서 하나님께 드려지고 있기 때문입니다.

기독교 철학자 스킬더는 이렇게 말했습니다. "크리스천은 중생받지 않은 문화의 상에서 떨어지는 부스러기를 먹고 만족해서는 안된다." 예수 안 믿는 중생받지 못한 사람들이 열심히 뛰고 있는 현장에서 떨어지는 부스러기나 주워 먹고 만족하는 사람이 되어서는 안된다는 말입니다. 왜냐하면 그 곳은 하나님이 우리에게 맡기신 일터요, 우리가 제사드려야 할 제단이기 때문입니다. 하나님은 교회만의 하나님이 아니라 온 우주의 하나님이십니다. 우리가 일하는 모든 현장은 하나님께서 영광을 받으셔야 할 거룩한 곳입니다. 중생받지 못한 사람들이 그 지역을 장악하도록 내버려두어서는 안됩니다. 보다 적극적으로 일터에 뛰어들어야 합니다. 우리의 몸을 사용해서 그 곳을 하나님께 영광 돌릴 수 있는 거룩한 제단으로 만들어야 합니다.

그런 의미에서 우리가 이 세상에서 가지는 직업이나 생업은 각자가 하나님으로부터 받은 소명이라고 할 수 있습니다. "아무리 누추하고 천한 일이라 할지라도 그것이 우리의 소명인 줄 알고 순복하면 하나님 앞에 빛나고 가장 귀한 것으로 여겨지지 않을 수 없다"는 칼빈의 말은 백 번 옳은 것입니다. 그러므로 '내가 무슨 일을 하느냐' 보다는 '어떤 자세로 그 일을 하고 있느냐'가 더 중요한 것입니다. 이것이 바로 소명입니다. 여러분의 직장이 인생의 거의 대부분을 바쳐서 일하는 곳이라고 한다면, 그 곳이 바로 하나님이 주신 소명의 일터인 것입니다. 어떻게 우리가 이것을 등한히 할 수 있겠습니까? 어떻게 그 일이 무의미한 것이 될 수 있겠습니까?

교회에 드나드는 젊은이들을 보며 실망할 때가 가끔 있습니다. 예수를 잘 믿는다는 젊은이들 중에 사회에 나가서는 적응을 잘 못하는 사람들이 많기 때문입니다. 그들은 믿는 사람들 가운데서만 편안함을 얻습니다. 그러나 직장은 어떻습니까? 대부분의 경우 중생받지 못한 사람들이 압도적으로 많기 마련입니다. 그러다 보니 자연 그들과 거리를 두게 되고, 직장에서 점점 더 달팽이처럼 오그라드는 소극적인 사람이 되어갑니다. 나중에는 아예 직장도 마지못해 나가는 사람이 되어 버립니다.

그러나 이것은 성경적인 태도가 아닙니다. 예수 믿는 사람은 어느 회사에 들어가든지, 어떤 직장을 다니게 되든지 최선을 다해야 합니다. 그 곳은 내 몸을 하나님께 제사드릴 거룩한 제단이기 때문입니다. 성실해야 합니다. 정직해야 합니다. 세상 사람들보다 더 앞서야 합니다. 지혜가 부족하면 하나님께 지혜를 구해야 합니다. 경쟁 대열에서 따라가지 못한다면 하나님의 도우심을 구하며 노력해야 합니다. 믿지 않는다 해도 그들과 어울려야 합니다.

어떤 경우에는 그들이 술집을 가면 같이 따라가야 할지도 모릅니다. 그들과 적극적으로 어울리면서 진정한 삶의 의미를 아는 사람의 모습을 보여 주어야 합니다. 예수 그리스도를 영접하면 생을 보는 눈이 어떻게 달라지는지 보여 주어야 합니다. 우리의 손길이 필요한 사람은 없는지 돌아보고 그들을 은밀하게 도와 보십시오. 내가 손해를 본다 하더라도 다른 형제가 승진할 수 있도록 배려해 보십시오. 그렇게 함으로써 그들에게 예수 믿는 사람에게서만 발견할 수 있는 뭔가를 보여 준다면, 그들이 우리가 믿는 하나님을 한 번 더 생각해 보지 않겠습니까? 그럴 때 내가 일하는 직장이 하나님 앞에 거룩한 제사를 드리는 제단이 될 수 있는 것입니다.

그러나 한 가지 명심해야 할 것이 있습니다. 성도들에게 시간이 한가하든 그렇지 않든, 시간을 절약해서 가능하면 실제로 복음을 전하는 일에 뛰어들도록 강하게 도전하는 목사 중 하나입니다. 그러나 늘 강조하는 선이 있습니다. 가정이 무너지도록 해서는 안된다는 것입니다. 교회는 광신자를 만드는 곳이 아닙니다. 가정 불화를 부추기는 곳도 아닙니다. 교회를 그런 곳으로 만들면 안됩니다. 교회는 가정 생활이 하나님께 몸을 드리는 헌신이 되도록 가르치는 곳입니다.

그러므로 부인들은 가정에서 최선을 다해야 합니다. 그 곳이 내 일터요, 내 제단인 것입니다. 몸을 바쳐서 걸레질을 하고, 설거지를 하고, 어린 아이들의 발을 씻겨 주어야 합니다. 이 모든 것은 하나님이 기뻐하시는 거룩한 제사인 것입니다. 우리가 생활 현장에서 주님의 소명을 받은 자답게 살지 못한다면 우리의 몸으로 하나님께 산 제사를 드리는 데 실패하고 말 것입니다.

거룩한 산 제사

우리가 반드시 기억해야 할 중요한 사실이 하나 있습니다. 우리의 몸을 산 제사로 드리되 거룩한 제사가 되게 해야 한다는 것입니다. 여전히 죄 가운데 살면서 하나님께 거룩한 제사를 드릴 수는 없습니다. 하나님은 더러운 것은 받지 않으십니다. 내 몸이 하나님이 받으실 만한 제물이 되게 하려면 죄와 피 흘리기까지 싸워야 합니다(히 12:4). 여러분의 직장이 하나님께 영광을 돌리는 거룩한 제단이 되기를 원한다면 세상 사람들처럼 죄를 끌어들여서는 안됩니다.

만일 여러분이 월급은 많지만 날마다 거짓말을 하고 남을 짓밟아야만 되는 자리에 있다면, 차라리 그보다 적은 월급을 받는다 하더라도 죄 짓지 않을 수 있는 더 낮은 자리로 내려가야 할 것입니다. 그래야만 그 삶이 하나님이 받으시는 거룩한 제사가 될 수 있습니다. 하나님께 영광을 돌리기 위해서 사는 삶이라고 할 수 있습니다. 물 마시듯 죄를 지어야 하는 자리에 그대로 눌러앉아 있으면서 하나님의 영광을 위해서 산다고 하는 말은 할 수 없는 것입니다.

부모님들이 가정에서 자녀들을 교육할 때도 마찬가지입니다. 국가가 법으로 고액 과외를 금지했으면 하지 말아야 합니다. 온 국민이 법을 지키는데 자기 자식만 생각하고 몰래 고액 과외를 시킨다면, 그것은 여러분의 양심을 좀먹을 뿐 아니라 어린 자녀의 양심마저 마비시키는 결과를 초래하고 말 것입니다. 죄를 끌어들여서 자녀를 키워서는 안됩니다. 왜냐하면 우리가 하는 모든 일을 통해서 하나님께 거룩한 제사를 드려야 하기 때문입니다.

워싱턴의 어떤 교회를 방문했을 때의 일입니다. 한 교우의 집에 갈 기회가 있었는데, 엄청나게 호화로운 저택에 살고 있었습니다. 그 동네는 에드워드 케네디가 살았던 적이 있다고 할 정도로 매우 부유한 곳이었습니다. 그런데 나중에 교회로 돌아와서 알고 봤더니 그가 이민 오기 전에 한국에서 고급 세무 공무원이었다는 것입니다. 만약에 그것이 사실이라고 한다면, 그가 예수를 믿게 된 다음부터는 그의 삶이 완전히 달라져야 합니다.

마태와 레위와 같이 아예 전부 내버리고 예수님을 따르는 새 생활을 하든지, 아니면 삭개오와 같이 주님 앞에서 새로운 결단을 해야 하는 것입니다. 예수 믿고 의미 있는 거룩한 삶을 살기를 원한다면 죄지으면서 끌어 모은 재산에 대해서 새로운 결단을 내려야 할 것입니다. 그대로 앉아서 어떻게 하나님을 위해 산다고 할 수 있습니까? 하나님은 더러운 것은 받지 않으십니다. 죄를 용납하는 삶은 반드시 허무주의에 빠지게 되어 있습니다. 의미 있는 생이 아니기 때문입니다. 하나님이 기쁘시게 받지 않는 생이라면 인간의 마음은 언제나 텅 비어 있을 수밖에 없습니다.

우리의 인생은 길어야 70이요, 강건하면 80입니다(시 90:10). 이 짧은 인생을 의미 있게 살아야 하지 않겠습니까? 우리의 몸을 하나님이 기쁘게 받으시는 제사로 드려야 하지 않겠습니까? 저는 하나님이 리어카를 끌고 살라고 하면 지금 당장에라도 리어카를 끌 자신이 있습니다. 제일 하류의 생활이라 해도 '주님, 내가 이 일을 통해서 주님께 영광 돌리기를 원합니다' 하는 마음으로 리어카를 끌며 장사를 한다면 하나님께서 그와 같은 삶을 축복하시지 않겠습니까? 하나님의 영광을 위해서 작은 일에 충성하겠다고 몸 바쳐 일하는데 하나님이 어찌 복주시지 않겠습니까?

왕 같은 제사장의 신분으로서 우리의 삶 전부를 하나님께 드립시다. 그럴 때만이 인생의 허무를 극복할 수 있습니다. 그럴 때만이 우리의 삶이 하늘의 놀라운 기쁨으로 더욱더 충만할 것입니다.

당당하게 삽시다

보라 아버지께서 어떠한 사랑을 우리에게 주사 하나님의 자녀라 일컬음을 얻게 하셨는고, 우리가 그러하도다 그러므로 세상이 우리를 알지 못함은 그를 알지 못함이니라 사랑하는 자들아 우리가 지금은 하나님의 자녀라 장래에 어떻게 될 것은 아직 나타나지 아니하였으나 그가 나타내심이 되면 우리가 그와 같은 줄을 아는 것은 그의 계신 그대로 볼 것을 인함이니 주를 향하여 이 소망을 가진 자마다 그의 깨끗하심과 같이 자기를 깨끗하게 하느니라. 요한일서 3 : 1~3

우리는 돈이나 지식 때문이 아니라 하나님의 자녀가 되었다는 긍지 때문에 당당할 수 있는 것입니다. 우리는 세상 사람들과 신분이 다른 존재들입니다.

이 말씀을 읽을 때마다 숨을 쉬기가 힘들 정도로 가슴이 벅차 오르는 감격을 느낍니다. 특별히 1절 말씀이 그렇습니다. "보라! 아버지께서 어떠한 사랑을 우리에게 주사 하나님의 자녀라 일컬음을 얻게 하셨는고, 우리가 그러하도다." 우리가 하나님의 크신 사랑을 입어 그의 자녀가 되는 엄청난 특권을 얻었다는 것입니다.

그런데 요즘 교회에 다니는 분들 중에는 이 놀라운 사실을 들으면서도 별로 감격할 줄 모르는 사람들이 많은 것 같습니다. 어릴 때부터 부잣집에서 호의호식하며 자란 사람들은 자기가 누리는 행복과 축복을 너무나 당연한 것으로 여기지 않습니까? 교회 다니는 사람들 중에서도 불행하게도 하나님의 자녀 되었다는 축복에 대해서 이와 같은 태도를 취하는 사람들이 많다는 것입니다. 당연하게 여긴다는 것은 곧 감격이 없다는 말과 같습니다. 이것은 어떤 면에서는 하나님의 자녀 된 것이 얼마나 감사하고 놀라운 일인지 잘 모르고 있거나 아니면 자기 신분이 어떻게 바뀌었는지 아직 모르고 있다는 말밖에 되지 않습니다.

말로 다할 수 없는 하나님의 사랑

그러나 본문 말씀을 기록한 사도 요한을 보십시오. "보라! 아버지께서 어떠한 사랑을 우리에게 주사 하나님의 자녀라 일컬음을 얻게 하셨는고." 아마 성경 기자들 가운데 사도 요한보다 하나님의 사랑을 더 강도 있게 표현한 사람은 없을 것입니다. 그는 하나님 아버지의 사랑을 특별히 어떠한 사랑으로 표현했습니다. 이 말은 얼핏 보기에는 매우 단순한 내용을 담고 있는 것 같습니다. 그러나 원어를 살펴보면 절대 단순한 말이 아니라는 것을 알 수 있습니다.

'어떠한'은 원어로 '포타포스(potapos)'입니다. 이 말은 뭐라고 말로 표현할 수 없는 일에 대해 놀라움과 경탄을 표현할 때 잘 쓰입니다. 마태복음 8장 27절이 그 좋은 예라 할 것입니다. 예수님이 풍랑 이는 호수를 꾸짖어 잠잠케 하시자 함께 있던 제자들이 이렇게 말하지 않습니까? "이 '어떠한' 사람이기에 바람과 바다도 순종하는고?" 바람과 바다가 그의 명령에 순종하여 잠잠해진 이 일을 도대체 어떻게 설명할 수 있겠습니까? 이것은 인간의 머리로는 도저히 이해할 수 없는 차원의 일이었습니다. 바로 이러한 때 그들은 '어떠한(potapos)'이라는 말을 써서 놀라움과 경탄을 표현했던 것입니다.

사도 요한도 마찬가지였습니다. 그는 아무런 자격이 없는 우리를 자기 자녀로 삼아 주신 하나님의 그 놀라우신 사랑을 다 담아 낼 수 있는 말을 생각해 낼 수가 없었습니다. 그 사랑은 인간의 모든 언어를 초월한 것이기 때문입니다. 그는 놀라움과 감격만을 담아서 '어떠한' 사랑이라 표현할 수밖에 없었던 것입니다. 그러므로 우리는 이 어떠한 사랑이라는 단순한 표현에서도 그가 하나님의 자녀가 된 것에 대해 얼마나 감격하고 있는지를 잘 알 수 있는 것입니다.

그리고 '주사'라는 표현도 그렇습니다. 우리 한글 성경이 너무나 단순하게 번역을 해놓아서 주고받는다 할 때의 그런 단순한 의미만 담고 있는 것처럼 보이는 게 사실입니다. 그렇기 때문에 저는 '주사'라는 표현보다 '샤워하다(shower)'라는 표현이 원문의 뜻을 드러내는 데 보다 적절할 것이라고 봅니다. 우리 나라에서는 샤워하면 흔히 몸을 씻는 것을 연상하기가 쉽습니다만 여기서는 그런 샤워를 말하는 것이 아닙니다. 하늘에서 비가 억수같이 쏟아져 내리는 것을 말합니다.

폭우가 쏟아져 내릴 때 바깥에 나가 보신 분들은 다 아시겠지만, 그때는 비옷이나 우산이 비를 막는 데 별로 도움이 되지 못합니다. 온몸이 흠뻑 젖어 버리는 것입니다. 바로 이것입니다. 사도 요한은 지금 하나님의 사랑이 마치 폭우와 같이 우리에게 쏟아졌다고 말하는 것입니다. 하나님은 우리가 아무리 안 맞으려 발버둥쳐도 안 맞을 수 없고, 아무리 거부하려 해도 거부할 수 없을 만큼 넘치도록 사랑을 쏟아 부어 주셨습니다. 그리고 그 사랑으로써 우리를 자녀로 삼으시고, 또 자녀로 살아가게 하셨습니다. 이 엄청난 사랑에 감격하여 "보라! 아버지께서 우리에게 얼마나 큰 사랑을 폭우같이 넘치게 부어 주셨는가!"라며 흥분해서 말하고 있는 것입니다.

성령이 하나님의 사랑을 체험하게 하신다

그러나 오늘 우리는 어떻습니까? 하나님의 사랑이 폭우처럼 우리에게 쏟아졌다는 이 말씀을 들으면서도 너무나 무덤덤하지 않습니까? 과연 우리 중에 하나님의 자녀가 되었다는 이 놀라운 사실에 눈물 흘리며 감격하는 사람이 얼마나 있습니까? 어떻게 하면 우리도 사도 요한처럼 하나님의 사랑을 감격스럽게 체험하고, 표현할 수 있을까요?

중세의 성자 버나드(St. Bernard)는 이런 말을 했습니다. "아버지 되신 하나님과 아들 되신 예수 그리스도 사이에는 '사랑'이라는 이름을 가진 신이 계신다. 그는 바로 성령이시다. 성부의 사랑이요, 성자의 사랑이신 성령은 우리 마음속에 오셔서 우리로 하나님의 사랑을 느끼게 만드신다." 참으로 옳은 말입니다.

성경이 이것을 확증하고 있습니다. "우리에게 주신 성령으로 말미암아 하나님의 사랑이 우리 마음에 부은 바 됨이니"(롬 5:5). 하나님의 무궁무진한 사랑이 성령을 통해서 우리에게 '샤워되었다' 는 것입니다. 육적인 자연인으로는 우리가 아무리 애를 쓴다 해도 하나님의 사랑을 알 수도 없고 느낄 수도 없습니다. 그러나 예수를 믿음으로 하나님의 자녀로 태어난 우리에게 성령이 오시면 그 성령으로 인하여 우리가 하나님의 사랑에 눈을 뜨게 될 것입니다. 그리고 더 나아가 차고 넘치는 기쁨과 감격으로 그 사랑을 느낄 수 있게 될 것입니다.

여러분 가운데 하나님의 자녀가 되었다는 놀라운 말을 들으면서도 가슴이 냉랭해져 있는 분들이 계십니까? 입술로는 하나님을 아버지라고 잘도 부르면서 마음으로는 아버지의 사랑에 감사할 줄도, 감격할 줄도 모르는 그런 한심한 모습으로 살고 있지 않습니까? 오늘 이 시간에 성령께서 묵은 땅과 같이 굳어진 여러분들의 마음을 제거해 주시기를 바랍니다. 그래서 사도 요한처럼 "보라! 아버지께서 어떠한 사랑을 우리에게 주사 하나님의 자녀라 일컬음을 얻게 하셨는고, 우리가 그러하도다!"라고 감격하며 고백할 수 있게 되기를 바랍니다.

하나님의 자녀라는 긍지를 가져라

여기서 우리가 특별히 주목해 보아야 할 말이 있습니다. '보라!' 입니다. 원어로는 '이데테(idete)' 인데 이는 명령을 나타내는 말일 수도 있고, 주위를 환기시키는 감탄사일 수도 있습니다. 한 가지 재미있는 것은 신약 성경에서 이 말은 오직 눈에 보이는 것을 가리킬 때만 사용되고 있다는 사실입니다. 이것은 사도 요한의 경우에도 예외일 수 없습니다. 그는 우리가 하나님의 자녀가 된 것을 "보라!"고 말하는 것입니다. 그렇다면 세상 사람들도 이것을 볼 수 있다는 말일까요? 그것은 절대 아닙니다. 왜냐하면 그들은 우리가 하나님의 자녀라는 것을 결코 눈치채지 못하기 때문입니다.

1절 뒷부분에서 요한은 이렇게 말합니다. "세상이 우리를 알지 못함은 그를 알지 못함이니라." 그들은 우리가 하나님의 자녀라는 것을 잘 알지 못합니다. 우리를 아직도 자기들과 똑같은 존재로만 생각하는 것입니다. 왜 그렇습니까? 그 이유는 간단합니다. 우리의 아버지 되신 하나님을 모르기 때문입니다. 그들은 예수님이 세상에 오셨을 때도 그가 하나님의 아들이심을 알아보지 못했습니다. 자기들과 똑같은 인간이요, 나사렛 출신의 촌놈으로만 알았을 뿐 그 안에 하나님의 아들로서의 영광이 감추어져 있다는 사실은 전혀 알지 못했던 것입니다. 그러므로 요한이 "보라!"고 외치는 것은 세상 사람들에게 하는 말이 아닙니다.

그렇다면 그는 누구에게 "보라!"고 말하는 것입니까? 바로 예수 믿는 우리들 자신입니다. 세상 사람들이 예수님을 몰라볼 그때에도 그의 제자들과 그를 믿는 자들은 그가 하나님의 아들이심을 알아보았습니다. 믿음의 눈으로 그에게서 독생자의 영광을 바라본 것입니다. 우리의 경우도 마찬가지입니다. 우리가 겉으로는 세상 사람들과 별차이가 없는지 모릅니다. 그러나 실상에 있어 우리는 목이 멜 정도로 감격스러운 사랑을 입어 하나님의 자녀가 된 존재들입니다. 오늘날도 세상 사람들은 믿음의 눈이 없기에 우리의 변화된 신분을 알아보지 못합니다. 그러나 우리는 믿음의 눈을 가지고 있기에 서로 바라보며 하나님의 자녀 된 신분을 똑똑히 확인할 수 있는 것입니다. "야! 저 형제가 하나님의 자녀가 되었구나! 정말 아름답다! 저들에게 일어난 신분의 변화, 하나님이 선물로 주신 신분의 변화가 참으로 놀랍구나."

사실 우리가 일주일에 한두 번씩 교회에 모여 예배드리는 것도 서로를 보며 "보라!"고 말하기 위함이 아닌가 합니다. "보라! 너에게도 하나님 자녀의 모습이 보이는구나." "나를 보라! 내게서도 하나님 자녀의 모습이 보이지 않느냐!" 서로를 쳐다보면서 하나님 자녀 된 기쁨을 맛볼 수 있습니다. 비록 세상에서 실패하고 지친 마음으로 살았을지라도 하나님께 머리를 조아리고 입을 열어 찬송하는 그 모습들을 지켜보면서 '참 멋있는 하나님의 자녀구나' 하고 느끼는 것입니다.

형제를 보십시오. 하나님이 그에게 주신 아름다운 신분을 볼 수 있지 않습니까? 남편을 보십시오. 예수를 믿는 이상 그는 하나님의 영광스러운 자녀입니다. 하나님의 사랑이 그의 머리 위에 '샤워' 된 사람입니다. 세상 사람들은 돈으로, 학식으로 콧대가 올라가지만 우리는 하나님의 자녀가 되었다는 이 사실에 대단한 긍지를 느끼는 것입니다. 이 긍지가 없다면 우리는 한 순간도 살아갈 수 없습니다. 수십 억을 푼돈처럼 생각하는 사람들 틈에서 기껏해야 우리가 무슨 재미로 얼굴을 들고 다니겠습니까? 돈으로 따진다면 우리는 기가 죽을 수밖에 없습니다. 지식으로 프라이드를 말한다면 우리는 할 말이 없습니다. 그러나 우리 예수 믿는 사람은 누구 앞에나 당당히 설 수 있는 긍지가 있습니다. 우리가 하나님의 자녀이기 때문입니다.

예전에 고 박정희 대통령이 지방을 순시할 때 도정 보고를 받은 후 그 지방의 유지들과 함께 식사를 한 적이 있었다고 합니다. 그런데 그 자리에는 조그마한 어느 시골에서 지방 유지로 뽑혀 올라온 한 사람이 있었습니다. 그가 자기 마을로 돌아가서 그때 일에 대해 얼마나 자랑을 늘어놓

앉던지 부러운 마음으로 듣고 있던 어떤 노인이 그에게 이렇게 물었다고 합니다.

"여보게. 그 곳에 가서 얼마나 맛있는 음식을 먹었기에 이렇게 입이 마르게 자랑을 늘어놓는 건가?"

"설렁탕 한 그릇을 먹었지요!"

"예끼, 이 사람. 설렁탕 한 그릇 가지고 뭘 그렇게 자랑을 늘어놓는가?"

"그게 아닙니다. 제가 지금 자랑하는 것은 설렁탕을 먹었다는 게 아니라 대통령과 한 상에 앉았다는 것입니다!"

평범한 일화지만 여기에 참으로 중요한 진리가 담겨 있습니다. 우리는 이 세상에서 설렁탕을 먹고 사는 사람들이나 다름없습니다. 세상에는 우리가 자랑할 것이 아무것도 없습니다. 그러나 그럼에도 우리에게는 영원히 변치 않는 자랑거리가 하나 있습니다. 바로 하나님이 우리 아버지시라는 사실입니다. 하나님이 우리 아버지시라는 이 사실 하나 때문에 우리는 절대 기죽지 않습니다. 우리가 얼마나 엄청난 사랑을 받고 하나님의 자녀가 되었습니까? 하나님이 자기 아들까지 죽게 하실 정도로 우리를 사랑해 주셨는데 우리가 왜 기가 죽어 삽니까? 왜 얼굴을 찡그리고 삽니까? 비록 고달픈 인생을 살면서 지쳐 있다 할지라도 우리의 얼굴은 하나님의 자녀가 되었다는 영광스러운 긍지로 빛나야 하는 것입니다.

하나님의 자녀는 특별한 소망을 가지고 있다

이러한 긍지를 가지고 있는 한 우리는 세상 사람들과 다를 수밖에 없습니다. 사도 요한은 우리가 두 가지 면에서 그들과 다르다고 말합니다.

첫째로, 우리는 세상 사람들에게서 발견할 수 없는 특별한 소망을 가지고 있다는 것입니다. "사랑하는 자들아 우리가 지금은 하나님의 자녀라 장래에 어떻게 될 것은 아직 나타나지 아니하였으나 그가 나타내심이 되면 우리가 그와 같을 줄을 아는 것은 그의 계신 그대로 볼 것을 인함이니." 예수님은 분명코 다시 오실 것입니다. 그때 우리는 그의 계신 그대로를 볼 것입니다. 우리가 가장 사랑하는 예수님을 우리 눈으로 직접 보게 된다니 이 얼마나 놀라운 꿈입니까? 이 얼마나 우리를 흥분케 하는 소망입니까?

그러나 우리의 꿈은 여기에서 그치지 않습니다. 예수님과 한 번 상견례하는 정도로 끝나는 것이 아니라는 말입니다. 우리가 지금은 세상 사람들과 똑같은 외모를 가지고 있지만 예수님을 만나는 그때에는 그들과 질적으로 다른 모습으로 변화될 것입니다. 예수 그리스도가 이 세상에 재림하실 때 우리가 '그와 같이 된다'는 사실입니다. 물론 그렇다고 해서 우리가 신이 된다는 말은 절대 아닙니다. 아무리 하나님 나라가 이상적인 동산이라 하더라도 창조주이신 하나님과 피조물인 우리 인간의 위치가 같을 수는 없기 때문입니다. 하나님은 하나님이요, 인간은 인간입니다.

그러나 그날 우리의 모습은 부활하고 승천하신 예수 그리스도와 같이 썩지 아니할 영광스러운 모습으로 변화될 것입니다. 우리가 사망의 육체를 벗고 영광스러운 주님의 모습을 닮는다니 이 얼마나 흥분되고 감격스러운 일입니까?

베드로는 특별히 이 꿈을 '산 소망'이라고 했습니다(벧전 1:3). '산 소망'이란 말 그대로 '숨쉬는 소망'입니다. '생수'를 '숨 쉬는 물'이라고 하는 것처럼 우리가 예수님을 만나 그와 같이 된다고 하는 꿈은 우리로 숨을 쉴 수 있게 하는 '산 소망'이 되는 것입니다. 하나님의 자녀인 우리에게 이 꿈이 없다면 우리는 숨을 쉬지 못하는 것처럼 답답함을 느낄 것입니다. 우리가 아무리 고통스러운 환경에서도 하나님을 찬양하고 하나님을 향해서 감사할 수 있는 것은 바로 이 꿈이 있기 때문입니다.

주님 오실 때까지 똑같은 시간이 앞으로 또 얼마나 반복될지 모르지만 시간이 지나고 해가 거듭될수록 남는 것은 인생의 허무와 좌절밖에 없습니다. 소망이 없는 이 세상에서 우리가 그래도 붙잡을 수 있는 유일한 소망이 있다면 우리 눈으로 직접 주님을 만나 뵙고 그와 같이 변화된다는 이 놀라운 사실 하나밖에 없는 것입니다.

하나님의 자녀는 처신을 다르게 한다

둘째로, 이와 같은 영광스러운 소망 때문에 우리의 처신이 달라진다는 것입니다. 사람은 어떤 꿈과 인생의 목적을 가지고 있느냐에 따라서 처신이나 몸가짐이 달라지지 않습니까? 우리는 거룩하시고 영광스러운 주님을 만나 그와 같이 된다는 소망을 가진 자들입니다. 그러므로 이 소망이 없는 세상 사람들과는 처신이 완전히 다를 수밖에 없는 것입니다.

사도 요한은 우리가 가져야 할 몸가짐을 이렇게 말합니다. "주를 향하여 이 소망을 가진 자마다 그의 깨끗하심과 같이 자기를 깨끗하게 하느니라"(3절). 바로 이것입니다. 이제 우리는 죄를 멀리해야 합니다. 이 세상과 동화되지 말고 하나님의 자녀답게 깨끗하게 살아가야 합니다. 이것이 바로 우리가 가져야 할 몸가짐인 것입니다. 우리는 장차 거룩하고 흠이 없으신 주님을 만나야 할 사람들입니다. 그렇기 때문에 우리가 이 세상 사람들과 달리 항상 깨끗하게 처신해야 하는 것은 당연한 것입니다.

미국 남가주 사랑의교회에 다니는 어떤 자매 이야기가 생각납니다. 이 자매는 남편이 모 회사 지점장으로 파견 근무 중에 있는 사람입니다. 이 자매가 아직 예수를 모르던 중고등학교 시절에 점을 친 일이 있었는데 그 점쟁이가 40대가 되면 대통령 부인이 될 신수라고 말했다고 합니다. 이 말을 그대로 믿은 그 순진한 자매는 학창 시절과 처녀 시절 동안 잠재 의식 속에 대통령 부인이 된다는 꿈을 갖고 있으면서 세상의 모든 남자들을 눈 아래로 내려다보고 매사에 신중히 처신했다는 것입니다.

그러다가 지금의 남편을 만나 결혼을 했는데, 그는 대통령이 될 가능성이 백만 분의 일도 안되는 사람입니다. 그러나 이들 부부가 예수를 믿고 변화된 다음에 하나님의 자녀가 된 기쁨과 긍지가 최고인 것을 알게 되었습니다. 그래서 이 자매는 이렇게 간증할 수 있었던 것입니다. "저는 세상에서 대통령 부인이 되는 것보다 예수 믿고 하나님의 자녀가 된 것이 더 기쁘고 흥분되는 것임을 알게 되었습니다. 하나님의 자녀가 된 것이 자랑스럽습니다."

사람은 이처럼 대통령 부인이 된다는 다소 허황된 꿈 때문에라도 처신과 몸가짐이 달라지는 것입니다. 그런데 하물며 하나님의 자녀로서 장차 예수님을 직접 만나고, 또 예수님처럼 변하리라는 꿈을 갖고 있는 우리가 이러한 꿈이 없는 세상 사람들과 어떻게 몸가짐이 같을 수가 있겠습니까? 우리가 죄를 멀리하면서 깨끗하게 처신하는 것은 어떤 법이나 하나님이 무서워서가 아닙니다. 예수를 만나 그와 같이 될 그날을 바라보기에 우리가 즐거운 마음으로 깨끗하게 살려고 노력하는 것입니다.

우리는 폭우처럼 쏟아 부으시는 하나님의 사랑을 받고 그의 자녀가 되었습니다. 그러므로 우리는 이 놀라운 사랑에 감격하며 감사해야 합니다.

그러나 이것은 우리의 힘으로 되는 일이 아닙니다. 우리 안에 계신 성령께서 우리의 굳어지기 쉬운 마음을 끊임없이 부드럽게 해주셔야 가능합니다. 그때에야 우리는 서로를 바라보면서도 하나님의 자녀 된 기쁨과 감격을 누릴 수 있게 되는 것입니다.

그리고 우리는 이 세상에 대해서도 당당해야 합니다. 우리는 돈이나 지식 때문이 아니라 하나님의 자녀가 되었다는 긍지 때문에 당당할 수 있는 것입니다. 우리는 세상 사람들과 신분이 다른 존재들입니다. 뿐만 아니라 장차 예수 그리스도를 직접 만나고 그와 같은 모양으로 변화될 것이라는 꿈을 가진 자들입니다. 바로 이 꿈이 있기 때문에 우리는 세상 사람들과는 처신이 달라야 합니다. 장차 거룩하신 예수님을 만나야 될 사람이기 때문에 그들처럼 더럽고, 부정하게 살 수 없는 것입니다. 우리가 이와 같이 가정에서, 직장에서, 사업장에서, 각자의 모든 삶의 현장에서 하나님의 자녀라는 긍지를 가지고 매사에 스스로를 깨끗하게 처신할 때 세상 사람들은 우리에게서 변화된 신분을 보게 될 것입니다. 우리에게 소망이 있음을 알게 될 것입니다.

돈을 이겨야 세상을 얻습니다

우리가 세상에 아무것도 가지고 온 것이 없으매 또한 아무것도 가지고 가지 못하리니 우리가 먹을 것과 입을 것이 있은즉 족한 줄로 알 것이니라 부하려 하는 자들은 시험과 올무와 여러 가지 어리석고 해로운 정욕에 떨어지나니 곧 사람으로 침륜과 멸망에 빠지게 하는 것이라 돈을 사랑함이 일만 악의 뿌리가 되나니 이것을 사모하는 자들이 미혹을 받아 믿음에서 떠나 많은 근심으로써 자기를 찔렀도다 오직 너 하나님의 사람아 이것들을 피하고 의와 경건과 믿음과 사랑과 인내와 온유를 좇으며 믿음의 선한 싸움을 싸우라 영생을 취하라 이를 위하여 네가 부르심을 입었고 많은 증인 앞에서 선한 증거를 증거하였도다 만물을 살게 하신 하나님 앞과 본디오 빌라도를 향하여 선한 증거로 증거하신 그리스도 예수 앞에서 내가 너를 명하노니 우리 주 예수 그리스도 나타나실 때까지 점도 없고 책망받을 것도 없이 이 명령을 지키라 기약이 이르면 하나님이 그의 나타나심을 보이시리니 하나님은 복되시고 홀로 한 분이신 능하신 자이며 만왕의 왕이시며 만주의 주시요 오직 그에게만 죽지 아니함이 있고 가까이 가지 못할 빛에 거하시고 아무 사람도 보지 못하였고 또 볼 수 없는 자시니 그에게 존귀와 영원한 능력을 돌릴지어다 아멘 네가 이 세대에 부한 자들을 명하여 마음을 높이지 말고 정함이 없는 재물에 소망을 두지 말고 오직 우리에게 모든 것을 후히 주사 누리게 하시는 하나님께 두며 선한 일을 행하고 선한 사업에 부하고 나눠 주기를 좋아하며 동정하는 자가 되게 하라 이것이 장래에 자기를 위하여 좋은 터를 쌓아 참된 생명을 취하는 것이니라. 디모데전서 6 : 7~19

돈에 의지해서 구원을 받은 사람은 아무도 없습니다. 그러므로 우리는 모든 것을 후히 주사 누리게 하시는 하나님께만 소망을 두어야 합니다.

박 모라고 하는 한 젊은이가 미국에서 유학하던 중 갑자기 귀국해서 돈 때문에 자기 부모를 칼로 난자하여 죽인 사건이 있었습니다. 예수 믿는다는 집안에서, 그것도 중직자로 뽑힐 정도로 믿음이 좋다는 가정에서 그런 끔찍한 일이 일어났다는 사실에 우리는 큰 충격을 받았습니다. 그런데 그 일이 있은 지 일 년도 채 안되어 교회도 다녔다고 하고 박사 학위를 받아 대학 강단에서 후배들을 가르치며 성실한 교수로 인정을 받고 있던 40대의 한 젊은이가 역시 돈 때문에 아버지를 칼로 찔러 죽이는 끔찍한 사건이 또 일어났습니다. 나이로 보나 사회적 지위로 보나 이제 성숙한 단계에 접어들었다고 할 만한 사람이 이런 일을 저질렀다는 데서 우리는 모두 메가톤급 펀치를 맞아 꼬꾸라지는 것 같은 충격을 받았습니다.

저는 이런 사건들을 접할 때마다 속에서 분노가 치밀어 오르는 것을 억제할 수가 없습니다. 부모를 죽인 그 사람에 대한 분노가 아니라 바로 돈에 대한 분노입니다. 보다 정확하게 말하면 보이지 않는 배후에서 간교하게 돈으로 인간을 유혹해서 자기와 똑같은 악마로 만들어 버리는 사탄과 마귀에 대한 분노입니다. 마귀가 마음에 들어가자 예수님의 제자 가룟 유다는 은 삼십이라는 돈 때문에 죄 없는 스승을 팔아먹으면서도 눈 하나 깜짝 하지 않고 스승에게 입맞춤하는 그런 냉혈 인간이 되어 버렸습니다.

마귀가 선량한 젊은이의 마음을 사로잡으니까 몇억 안되는 돈을 손에 넣기 위해서 밤마다 탐정 소설을 읽으며 자기 부모를 어떻게 죽일까를 궁리하는 무서운 악마로 변하고, 해부학 책을 뒤적이며 어떻게 하면 아버지의 목숨을 단번에 끊어 놓을까를 연구하는 악마가 되어 버리는 것입니다.

마귀는 인간을 악마로 만드는 데 돈보다 더 성능이 좋은 무기를 발견하지 못했습니다. 돈은 그 성능이 얼마나 뛰어난지 사람들 앞에 이것을 흔들기만 하면 너나할것없이 정신 차리지 못하고 빠져 드는 것입니다. 이것은 어느 시대 어느 장소를 막론하고 다 통하는 전천후의 무기라서 한 번도 손질을 하거나 개량해 본 적이 없습니다. 지금도 얼마나 많은 사람들이 돈이라는 무서운 독약을 마시고 비틀거리며 죽음의 길로 가고 있는지 모릅니다. 신문을 보십시오. 돈 때문에 망한 사람이 우리 주변에 얼마나 많습니까? 돈 때문에 얼마나 많은 비극들이 일어나고 있습니까? 그런데 안타까운 것은 모두들 이것을 뻔히 보면서도 "돈돈" 하며 좇아간다는 것입니다. 모두들 돈에 미쳐 버린 것입니다.

19세기 독일의 단막극 가운데 "돈불"이라고 하는 것이 있습니다. 부유한 아버지와 계모로 들어온 어머니, 아들, 딸 네 식구가 단란하게 살던 가정 이야기입니다. 비록 계모로 들어왔지만 어머니는 아버지에게 사랑받는 아내였고 두 자녀에게 참 존경을 받는 사랑 많은 여인이었습니다.

그러나 어느 날 갑자기 아버지가 세상을 떠나게 되었습니다. 그러자 그렇게 행복했던 가정이 금세 싸움터로 변했습니다. 시체를 가운데 놓고 유산 싸움이 시작된 것입니다. 계모는 계모 대로 자신의 권리를 주장합니다. 가정 내의 위치로 보나 법적인 권리로 보나 유산은 마땅히 부인인 자기에게 돌아와야 한다는 것입니다. 그러나 아들이 이를 인정할 리가 없습니다. 그는 자신만이 재산을 상속받을 법적인 권리를 가진 유일한 사람이라고 주장합니다. 딸 역시 절대 물러나지 않고 유산에 대해 자신도 동등한 권리를 가지고 있다고 주장합니다. 시체를 사이에 두고 세 사람은 눈에 핏발을 세운 채 소리를 지르고 삿대질을 하며 싸웠습니다.

한참을 이렇게 싸우다가 누군가 한 사람이 갑자기 정신이 번쩍 들었습니다. '어이구. 우리가 왜 이러고 있지? 도대체 돈이 뭐길래 우리가 서로 철천지원수가 되려고 할까?' 하는 자각이 생긴 것입니다. 그래서 그가 이렇게 말합니다. "우리 이러지 말자. 우리가 지금까지 얼마나 화목하게 살아왔는데 돈 때문에 서로 원수가 되겠는가? 자, 내가 돈을 포기하겠다." 그러자 다른 두 사람도 그제서야 이성을 되찾고는 맞장구를 칩니다. "좋아요. 우리 돈을 그냥 다 버립시다. 그리고 우리 서로 사랑하면서 같이 삽시다." 그리고 그들은 금고문을 열었습니다. 그 안에는 지폐가 차곡차곡 쌓여 있었습니다. 그들은 그 지폐들을 모두 꺼내 하나도 남김없이 불을 붙였습니다. 그러니까 옆에 있던 딸은 불타는 돈 다발에다 손을 쬐며 "야, 따뜻하다"고 말합니다.

얼마나 멋있는 광경입니까? 저는 돈 때문에 이 땅 위에서 일어나는 끔찍한 일들을 대할 때마다 세상에 있는 돈을 전부 끌어다가 그들처럼 몽땅 불질러 버리면 얼마나 좋을까 하고 생각해 봅니다.

6년 전 일본에서는 1억 엔 이상 되는 지폐를 대나무 밭에 버린 사람이 있어서 세계적인 화젯거리가 된 일이 있습니다. 나중에 그 장본인이 나타났는데, 사람들은 그가 왜 거액의 돈을 거기에 버렸는지 그 이유를 무척 알고 싶어했습니다. 그러자 그는 "돈 때문에 많은 사람들이 자살하고, 배신하고, 사기치고, 서로 죽이고, 망하게 되는 것을 보고 인간을 구원하기 위해서는 돈을 내버려야겠구나 생각해서 그랬노라"고 대답했다고 합니다.

그러나 여러분, 돈을 불에 태운다고 문제가 해결될 수 있을까요? 돈을 대나무 밭에 갖다 버린다고 문제가 해결될 수 있을까요? 성경은 그렇게 가르치지 않습니다. 문제는 돈에 있지 않고 사람의 마음에 있습니다. 돈을 보는 눈이 문제요, 돈을 다루는 마음이 문제인 것입니다. 아무리 돈을 불태우거나 갖다 버린다 해도 돈에 대한 우리의 의식이 바뀌지 않는 한 돈은 여전히 우리를 망하게 하는 마귀의 수단이 될 수밖에 없습니다. 그러므로 우리는 돈에 대한 우리의 의식을 점검하고 새롭게 하기 위해서 하나님의 말씀으로 돌아가야 합니다. 하나님의 말씀에 귀기울여야 합니다.

거짓 선생들과 돈

사도 바울은 믿음의 아들 디모데에게 "교회 안에 가만히 숨어 들어온 거짓 선생들을 조심하라"고 경고하면서 자연스럽게 돈 이야기로 이어갑니다. 요즘도 이단들이 많지만 그 당시에도 가만히 교회 안에 숨어 들어와서 사람들을 이리저리 유인해서 그릇된 길로 이끄는 거짓 선생들이 많았습니다. 예나 지금이나 그들에게는 한 가지 공통점이 있습니다. 그들은 한결같이 돈을 사랑하는 자들이라는 사실입니다.

이번에 일본에서 독약을 가지고 많은 사람들을 해친 사이비 종교의 교주를 보십시오. 그가 얼마나 돈을 사랑하는 사람이었습니까? 사람들이 사이비 종교나 이단에 잘못 빠져 들었다가 완전히 빈털털이가 되고 결국에는 개죽음을 당하는 일들을 우리가 주변에서 자주 보지 않습니까? 박태선과 통일교가 그 대표적인 예일 것입니다. 이것은 초대 교회 당시에도 마찬가지였습니다. 거짓 선생이나 이단들이 교회 안에 살금살금 들어와서 사람들을 미혹하는 목적은 바로 돈에 있습니다. 그런데 사람들은 이것도 모르고 그들에게 빠져 들었다가 자기가 가지고 있던 것까지도 다 털리고 맙니다. 이런 일들이 교회 안에서도 충분히 일어날 수 있기 때문에 바울은 특별히 거짓 선생들을 경계하라고 말하는 것입니다.

거짓 선생들은 사람들을 유혹할 때 '경건'을 앞세웁니다. 그들은 마음이 부패한 자들입니다. 입으로는 진리를 외칠지 모르지만 실제로는 진리를 잃은 자들입니다. 그들은 경건을 이익의 재료로 생각합니다. 다시 말해서 그들이 거룩하게 말하는 것도 사실은 돈을 벌기 위한 방편에 지나지 않는다는 것입니다. 그들이 설교를 얼마나 기가 막히게 잘하는지 모릅니다. 또 어떤 때는 안수해서 여러 가지 병들을 낫게 하기도 합니다. 그러나 그들이 이런 경건을 앞세우는 것은 돈에 마음이 가 있기 때문임을 분명히 알아야 합니다. 바로 이러한 이유 때문에 바울은 거짓 선생들에 대해 경계하면서 돈에 대해서 교훈할 수밖에 없었던 것입니다.

세 부류의 사람들

그는 교회 안에 세 부류의 사람들이 있을 수 있다고 말합니다. 이들은 각각 돈에 대해서 저마다 다른 태도를 취합니다.

첫째로, '우리'입니다. 여기서 '우리'는 일차적으로 바울과 디모데를 가리키며 이차적으로는 교회 안에 있는 거룩한 성도들을 가리킵니다. 이들은 돈을 쌓아 놓고 살지 않았습니다. 그렇다고 해서 날마다 길에 나가서 구걸하지도 않습니다. 그저 하나님이 날마다 주시는 일용할 양식으로 살아갈 따름인 것입니다. 그들은 광야의 이스라엘 백성들처럼 저녁에 잠자리에 들면서 절대 내일을 걱정하지 않습니다. 내일이면 하나님이 또 하늘에서 만나를 주실 것이기 때문입니다. 이처럼 그날 그날 하나님이 주시는 은혜로 사는 사람들을 일컬어 '우리'라고 하는 것입니다.

둘째로, '부하려 하는 자'들입니다. 이들은 예수를 믿기는 믿되 돈에 대해 강한 애착을 가지고 있는 사람들입니다. 예수 믿은 이후에도 돈에 대한 애착을 버리지 못하는 사람들인 것입니다.

마지막으로, '부한 자'들입니다. 이들은 예수 믿기 전에 재산을 좀 모았을 가능성이 있거나 예수 믿은 후에 하나님이 물질의 복을 주셔서 비교적 여유 있게 쌓아 놓고 사는 사람들입니다. 그 당시 에베소 교회 안에도 하나님의 말씀대로 깨끗하게 번 돈으로 부자가 된 사람들이 있었습니다. 만약 그들이 나쁜 수단과 방법을 통해 부자가 되었다면 그것은 절대 하나님의 복이라고 할 수 없을 것입니다. 그런 사람은 하나님과 아무런 관계가 없는 사람입니다.

오늘날에도 교회 안에는 이렇게 세 부류의 사람들이 있을 수 있습니다. 여러분은 자신이 어느 부류에 속한다고 생각하십니까? '우리'입니까? '부하려 하는 자'들입니까? 아니면 '부한 자'들입니까? 그 어떤 부류에 속하든지 우리는 오늘 본문 말씀을 통해 하나님이 돈에 대해서 들려주시는 교훈을 들어야 합니다. 우리가 돈으로 인해 망하지 않기 위해서는 이 말씀을 들어야 합니다. 돈을 앞세워 끊임없이 우리를 넘어지게 하려는 마귀의 간교한 궤계를 물리치기 위해서도 우리는 이 말씀을 들어야 합니다. 예수를 모른 채 돈으로 인해 망해 가는 숱한 사람들을 하나님 앞으로 인도하여 우리와 같이 하나님께 영광을 돌리는 거룩한 백성이 되게 하기 위해서라도 우리는 이 말씀을 듣고 마음에 깊이 새겨 두어야 할 것입니다.

족한 줄로 알라

먼저 하나님이 '우리'에게 주시는 교훈을 생각해 봅시다. 8절 말씀에 그 교훈의 핵심이 고스란히 다 담겨 있습니다. "우리가 먹을 것과 입을 것이 있은즉 족한 줄로 알 것이니라" 족한 줄로 알라는 것입니다. 이것을 6절에서는 '자족하는 마음'이라고 표현하기도 합니다. 자족한 마음이란 우리가 영적으로 누리는 평안을 말합니다. 재물이 별로 없어도 그것 때문에 마음에 풍랑이 일어나지 않는 상태를 말하는 것입니다. 아기가 엄마 품에서 젖을 맘껏 먹고 나면 생긋이 미소를 지으며 잠자는 것을 자주 보지 않습니까? 마찬가지입니다. 하나님께서 우리 영혼에 신령한 은혜를 풍성히 부어 주시면 좋은 집에서 화려한 옷을 입고 진수성찬을 먹으면서 살지 못한다 해도 우리는 만족할 수 있는 것입니다.

그러나 우리가 이와 같은 만족을 누리기 위해서는 반드시 갖추어야 할 것이 두 가지 있습니다. 첫째는 인생을 똑바로 보는 눈입니다. 이 눈은 성령께서 말씀을 통하여 열어 주시는 눈입니다. 거룩하고 경건한 눈입니다. "우리가 세상에 아무것도 가지고 온 것이 없으매 또한 아무것도 가지고 가지 못하리라." 공수래공수거!(空手來空手去) 하나님이 열어 주신 눈으로 인생을 똑바로 보는 사람은 가진 것이 별로 없어도 마음에 자족하며 평안을 누릴 수 있습니다. 거창하게 쌓아 놓고 허세를 부리는 사람들을 보아도 '공수래공수거', 이 말 한마디면 마음이 평안해집니다. 누군가가 밍크 코트를 입고 거드름을 피우면서 지나가도 마음의 평안을 절대 잃지 않는 것입니다. 이 평안은 하나님이 주시는 은혜요, 성령을 마음에 모시고 사는 사람이 누리는 기가 막힌 은혜입니다.

그리고 둘째는 하나님이 날마다 일용한 양식을 공급해 주신다는 믿음입니다. 비록 물질적으로는 빠듯하게 하루하루를 살아갈 수도 있습니다. 그러나 하나님이 날마다 나에게 먹을 것과 입을 것을 주신다는 믿음이 있는 사람은 이런 상황에서도 자족할 수 있습니다. 그래서 바울은 "우리가 먹을 것과 입을 것이 있은즉 족한 줄로 알 것이니라"고 말했던 것입니다.

자본주의 사회에서는 먹을 것과 입을 것만 가지고 빠듯하게 사는 사람들을 '서민층' 혹은 '저소득층'이라고 부르면서 멸시하는 경향이 있습니다. 그러나 하나님 앞에서는 바로 이런 사람들이 칭찬을 받고 하나님의 사랑을 독차지한다는 것을 알아야 합니다. 성경에 나오는 수많은 사람들을 보십시오. 그들 가운데 90퍼센트가 소위 '우리'라고 하는 사람들입니다. 그들은 그다지 풍족한 편은 아니었지만 그렇다고 거지처럼 살지도 않았습니다. 한평생을 하나님의 은혜로 살았기에 하나님을 더 많이 사랑하고 의지할 수 있습니다. 기독교 역사를 보아도 이것은 마찬가지였습니다. 경건하게 살면서 하나님 나라를 위해 큰일을 감당했던 사람들 중 대부분은 '우리'라는 그룹에 속한 자들이었습니다.

그러므로 여러분, 주님의 칭찬을 마음에 담으시기 바랍니다. "가난한 자는 복이 있나니 하나님 나라가 너희 것임이요"(눅 6:20). 행복은 많이 가진 자의 손에 있는 것이 아닙니다. 자족하는 자의 손에 있는 것입니다. 부자들이 우리보다 더 잘 아는 진리가 하나 있습니다. 돈이 사람을 행복하게 만들지 못한다는 사실입니다. 이 사실을 가장 절실하게 깨닫고 있는 사람들이야말로 진짜 부자라고 할 것입니다.

돈을 사랑치 말라

하나님께서 '부하려 하는 자들'에게 주시는 교훈을 생각해 봅시다. 이들은 마음에 재물에 대한 강한 애착과 욕망을 가지고 있는 사람들입니다. 그렇다고 열심히 일해서 잘살아 보겠다고 하는 사람들 모두를 말하는 것은 아닙니다. 우리가 열심히 일해야 하는 것은 두말 할 필요가 없는 일입니다. 하나님의 명령이기 때문에 그렇습니다. 따라서 열심히 일해서 하나님이 주시는 대로 그 대가를 받아 부자가 될 수도 있는 것입니다. 그러므로 잘살아 보겠다고 열심히 일하는 사람을 '부하려 하는 자'라고 말하는 것은 아닙니다. 그리고 재물을 많이 모아서 선한 일을 해보리라는 꿈을 가진 사람을 말하는 것도 아닙니다.

그러면 도대체 어떤 사람을 말하는 것입니까? 바로 돈에 대해 병적인 애착심을 갖고 있는 사람을 말하는 것입니다. "돈을 사랑함이 일만 악의 뿌리가 되나니 이것을 사모하는 자들이 미혹을 받아…" 그들은 돈을 사랑하고 또 사모하는 사람들입니다. 쉽게 말해 그들은 돈에 환장해서 날마다 "돈돈" 하는 심정을 안고 사는 사람들인 것입니다.

어떤 사람은 '교회 밖의 세상 사람들을 말하는 것이겠지' 하고 생각할지도 모르겠습니다. 그러나 바울이 디모데에게 경고하는 본문 말씀은 모두 교회 안에 있는 사람을 놓고 하는 이야기라는 것을 기억할 필요가 있습니다. 그 당시 에베소 교회 안에는 분명 부하려 하는 자들이 있었습니다.

이것은 오늘날 한국 교회 역시 마찬가지일 것입니다. 주일마다 교회에 나와서 예배 시간에 거룩한 얼굴로 앉아 청산유수와 같은 기도를 하지만 그 마음속 깊은 곳에서는 항상 "돈돈" 하는 자들이 있는 것입니다. 성령 충만하고 은혜 충만한 사람은 자다가도 "주여!" 하는데, 이 사람은 자기도 모르게 무의식 중에 "돈돈" 합니다. 왜 그렇습니까? 마음에 있는 게 그대로 쏟아져 나오기 때문입니다. 이것은 목사나 장로라고 해서 예외일 수 없습니다. 목사나 장로 중에도 이런 사람들이 얼마든지 있을 수 있기 때문입니다.

그래서 베드로가 이렇게 경고하지 않았습니까? "너희 중에 있는 하나님의 양 무리를 치되… 더러운 이를 위하여 하지 말고"(벧전 5:2). 무슨 말입니까? 돈에 목적을 두고 교회 안에서 장로 일이나 목사 일을 하지 말라는 것입니다. 그렇다면 집사나 일반 평신도는 말할 것도 없을 것입니다. 디모

딤전서 3장 8절을 보십시오. 집사를 선정할 때 어떤 사람은 세우지 말라고 하십니까? 더러운 이를 탐하는 사람입니다. 돈을 사랑해서 마음으로 항상 "돈돈" 하는 사람은 절대 집사로 세우지 말라는 것입니다. 그러므로 교회 안에도 돈에 애착을 가지고 하나님보다 돈을 더 사랑하는 자들이 얼마든지 있을 수 있다는 사실에 우리 모두 경각심을 가져야 할 것입니다.

이와 같이 돈에 애착을 갖는 사람은 심각한 위험에 빠지기 쉽습니다. 9절을 보십시오. 부하려 하는 자들은 처음에는 시험에 빠집니다. 그러나 일단 시험에 빠져 들어가면 올무에 발목을 잡혀 꼼짝달싹 못하게 되고 맙니다. 그러다가 급기야 목에 오랏줄까지 감깁니다. 그러는 동안 마귀의 집요한 충동질로 인해 결국은 해로운 정욕에 빠져 그 속에서 허우적거리다가 침륜과 멸망에 빠지고 마는 것입니다. '침륜과 멸망'은 한 가지 의미를 전달하는 합성어로서 물에 빠져 죽는 절망적인 상황을 가리킬 때 하는 말입니다.

타고 가던 배가 암초에 부딪혀 산산조각이 나서 가라앉아 버렸다고 상상해 보십시오. 물에 빠져 허우적거려 보지만 주변에는 나무토막 하나 보이지 않습니다. 그렇다고 건져 줄 수 있는 사람이나 배가 있는 것도 아닙니다. 망망대해에서 그렇게 허우적대고 있을 때 무슨 소망이 있겠습니까? 이제 고기밥이 되는 일만 남은 것입니다. 침륜과 멸망에 빠진다는 것은 바로 이런 상황을 일컫는 것입니다.

이 세상에는 "돈돈" 하다가 나중에는 돈 때문에 시험에 빠지고 올무에 걸려들어서 마침내는 정욕이 이끄는 대로 끌려 다니는 사람들이 얼마나 많습니까? 돈 때문에 아버지를 죽이는 아들이 없나요? 돈 때문에 엄마에게 온갖 폭언과 폭력을 휘두르는 자식들이 없나요? 한꺼번에 많은 돈을 벌어 보겠다고 집을 뛰쳐 나가 사창가에서 몸을 파는 딸이 없나요? 온갖 거짓말로 사람들을 속여 돈을 끌어들이다가 들통이 나서 허겁지겁 도망하여 지구 모퉁이 어딘가에 숨어 지내는 사람들이 없나요? 이 모두가 부하려다가 침륜과 멸망에 빠진 사람들이라 할 수 있습니다.

돈을 사랑하여 애착을 가지다 보면 우리 역시 이러한 침륜과 멸망에 빠지지 말라는 법이 없습니다. 바울은 돈을 사랑하는 것을 가리켜 "일만 악의 뿌리"라고 했습니다(10절). '뿌리(root)'는 원어로 '흐리자'라고 하는데, 이 말에는 원래 정관사(the)가 없습니다. 우리 나라 말은 정관사가 별 의미가 없지만 헬라어는 정관사가 있느냐 없느냐에 따라 뜻이 상당히 달라질 수 있습니다. 대부분의 권위 있는 성경학자들이 해석하는 바에 따르면 '뿌리'라는 말에 정관사가 없는 것은 질(質)을 강조하기 위한 것이라고 합니다. 뿌리의 질을 강조한다는 말이 무슨 말입니까? 뿌리와 일만 악이 질적으로 하나라는 것입니다. 이것은 '뿌리 자체가 곧 일만 악'이라고 말하는 것과 같은 것입니다.

돈을 사랑하는 마음이 있습니까? 마음속 깊은 곳에 숨어 있어서 겉으로는 보이지 않을지도 모릅니다. 우리가 돈을 사랑하는지 안 하는지 다른 사람은 모릅니다. 또 아직은 돈을 사랑하는 마음 때문에 무슨 흉칙한 일을 범하지도 않았고 거짓말을 한 적도 없다고 생각할 수도 있을 것입니다. 그러나 하나님께서 돈을 사랑하는 그 음흉한 마음을 다 들여다보고 계시다는 것을 기억하십시오. 하나님은 돈을 사랑하는 마음을 '일만 악의 뿌리'라고 말씀하십니다. 다시 말해 '일만 악 자체'라고 말씀하시는 것입니다.

가시나무의 뿌리를 만져 본 적이 있습니까? 저는 시골에 살았기 때문에 가시나무의 뿌리가 얼마나 보들보들한지 잘 알고 있습니다. 그 부드러운 뿌리에는 가시가 하나도 없습니다. 그러나 우리가 부인할 수 없는 것은 그 뿌리 역시 가시나무라는 사실입니다. 돈을 사랑하는 마음은 우리가 보기에는 악이 아닐지 모릅니다. 이것으로 무슨 악을 행하고 있지는 않기 때문입니다. 그러나 하나님께서 보시기에는 일만 악 그 자체입니다. 일만 악이 되는 뿌리가 사람의 마음속에 점점 더 깊이 뿌리내리고 자라나 그 본색을 드러내기 시작하면 마침내 그는 돈 때문에 유혹을 받게 됩니다. 예수를 잘 믿는다고 하는 사람도 믿음에서 떠나게 될 수 있습니다.

또 이렇게 "돈돈" 하는 사람에게는 근심이 늘 떠나지를 않습니다. 가진 사람은 놓칠까 걱정이고 못 가진 사람은 어떻게 하면 좀더 벌까 걱정인 것입니다. 바울이 "많은 근심으로 자기를 찔렀도다"라고 한 것은 바로 이러한 상황을 말하는 것입니다(10절).

오늘날 부하려 하는 사람들이 교회 안에 얼마나 많습니까? 평신도들은 물론이거니와 장로와 목사 중에도 이런 사람들이 있을 수 있습니다. 짐 베이커라고 하는 목사님은 7년 전 미국의 텔레비전 전도자로서 가장 인기를 끌었던 사람입니다. 그가 한 번 복음을 전하면 수천 명이 텔레비전 앞에서 예수를 영접하고 구원을 받았습니다. 그가 병든 자를 위해 기도하면 온갖 병을 앓던 사람들이 텔레비전 앞에서 벌떡벌떡 일어나는 기적이 일어나기도 했습니다. 그는 많은 사람들로부터 인기와 존경을 한몸에 받는 유명 인사가 되었습니다. 그가 "여러분, 선교를 위해서는 여러분의 헌금이 필요합니다. 헌금을 보내 주십시오"라고 호소하면 은혜 받은 사람들이 어떻게 가만히 있겠습니까? 너나할것없이 헌금을 보냈습니다.

그렇게 돈이 엄청나게 쌓이다 보니 그의 마음속에 숨을 죽이고 숨어 있던 돈을 사랑하는 마음이 점점 고개를 쳐들기 시작했습니다. 돈은 쌓을수록 애착이 생기고, 보면 볼수록 욕심이 생기지 않습니까? 그 역시 엄청나게 쌓이는 돈을 볼수록 욕심이 더 생긴 것입니다. 그래서 나중에는 헌금을 자기 통장으로 빼돌리기에 이르렀습니다. 조금씩 조금씩 그렇게 한 게 자그마치 800만 달러라고 합니다. 우리 돈으로 64억 원이나 되는 거액을 자기 주머니에다 집어 넣었다는 것입니다. 이자만 따져도 엄청날 텐데 그가 그 많은 돈을 무슨 수로 다 쓰겠습니까? 그래서 마당에 있는 자기 개집에 에어콘까지 달아 줬다고 합니다.

나중에 이 모든 부정이 드러나서 그는 구속되어 재판을 받게 되었습니다. 그때 불신자인 재판관이 판결문을 읽으면서 이런 말을 했다고 합니다. "짐 베이커 씨, 당신은 목사로서 디모데전서 6장 10절의 말씀을 무시하고 살았소." 디모데전서 6장 10절이 무슨 말씀입니까? "돈을 사랑함이 일만 악의 뿌리가 되나니 이것을 사모하는 자들이 미혹을 받아 믿음에서 떠나 많은 근심으로써 자기를 찔렀도다."

혹시 여러분 중에 하나님보다 돈을 더 사랑하는 분들이 계신다면 꼭 기억하십시오. 아직도 늦지 않았습니다. 오늘 이 시간 성령의 손에 치료받기를 바랍니다. 하나님의 말씀을 통하여 여러분의 마음이 하나님의 자녀의 마음으로 거듭나기를 바랍니다. 하나님을 사랑하는 사람으로 바뀌기를 원합니다. 하나님의 손에서 깨끗하게 고침받기를 바랍니다.

마음을 높이지 말라

마지막으로 '부한 자들'에 대해서 주시는 교훈을 생각해 봅시다. 17절을 보십시오. 하나님은 이 세대에 부한 자들에게 이렇게 명령하셨습니다. "네가 이 세대에 부한 자들을 명하여 마음을 높이지 말고 정함이 없는 재물에 소망을 두지 말고 오직 우리에게 모든 것을 후히 주사 누리게 하시는 하나님께 두며" 하나님이 이들에게 주는 첫 번째 교훈은 이것입니다. '마음을 높이지 말라'는 것입니다. 다시 말해 조금 가졌다고 해서 교만하지 말라는 것입니다.

하나님 앞에서 교만만큼 무서운 죄가 없습니다. 성경은 우리에게 돈을 벌 수 있는 능력을 주신 분이 하나님이시라고 말씀합니다(신 8:18). 하나님이 벌게 해서 번 것이므로 우리가 가진 돈도 사실은 우리의 것이 아니라 하나님의 것입니다. 우리가 하나님의 것을 잠깐 맡아 관리하는 사람에 불과한데 무슨 거드름을 피우겠습니까? 안 믿는 사람은 그럴 수 있어도 성경 말씀을 읽는 사람은 절대 교만할 수 없는 것입니다.

수년 전에 재벌이라고 할 만한 분의 집을 방문한 적이 있습니다. 별장같이 큰 저택에는 보통 그 집을 관리하는 수위가 있지 않습니까? 그 집 정문에도 수위가 있었는데 그가 어떻게 거만하게 구는지 그야말로 안하무인이었습니다. 그 집 마당에 있는 나무 한 그루도 자기 것이 아닌 사람이 무엇 때문에 그렇게 거만하게 구는지 모르겠습니다. 오히려 주인은 정문까지 나와서 "아이구, 목사님 오셨습니까?" 하고 공손하게 맞이하는데 말입니다. 명심하십시오. 내가 가진 돈이나 부동산, 금덩어리, 땅, 이 모든 것은 다 하나님의 것입니다. 그런데 무엇 때문에 그것들을 들고 그렇게 거드름을 피웁니까? 그것은 수위가 거드름을 피우는 것이나 다를 바 없는 것입니다. 절대 교만하지 마십시오.

재물에 소망을 두지 말라

하나님이 부한 자들에게 주시는 두 번째 교훈은 "정함이 없는 재물에 소망을 두지 말라"는 것입니다. 재물이나 돈을 의지하지 말라는 말입니다. 돈에 의지해서 구원을 받은 사람은 아무도 없습니다. 그러므로 우리는 모든 것을 후히 주사 누리게 하시는 하나님께만 소망을 두어야 합니다.

선한 사업에 부하라

"선한 일을 행하고 선한 사업에 부하고 나눠 주기를 좋아하며 동정하는 자가 되게 하라." 돈을 좀 가지고 있다고 생각되십니까? 선한 일을 하십시오. 하나님 나라를 위해서, 하나님의 영광을 위해서 쓰십시오. 이 세상의 가난한 자들을 위해서도 나눠 주십시오. 그렇게 할 때 장래에 자기를 위해서 좋은 터를 쌓게 될 것입니다. 장차 하나님 앞에 설 때 하나님의 자녀로서 떳떳하게 설 수 있다는 말입니다. 그리고 결국에는 참된 생명을 취하게 될 것입니다(19절). 반드시 구원을 얻게 된다는 말입니다.

우리 교회 안에 소위 '부한 자'라고 말할 수 있는 분들이 얼마나 될지 잘 모르겠지만 아마 꽤 될 것이라 봅니다. 이 말씀대로 사십시오. 우리 나라 모 재벌 회장이 몸이 아파서 고생을 하다가 매우 어려운 지경에 빠졌을 때 주변에 둘러서 있던 의료진을 향해서 이런 말을 했다고 합니다. "나를 1년만 더 살게 해주십시오. 1년만 더 살게 해주시면 내가 할 일이 있습니다. 나는 지금까지 돈을 모으는 데는 대단히 성공했지만 돈을 돈답게 써 보지 못하고 이때까지 살았습니다. 1년만 더 살게 해주면 내가 모은 돈을 한번 멋지게 써 보고 세상을 떠나겠습니다."

그는 믿지 않는 사람이었음에도 불구하고 양심에 가책을 느꼈나 봅니다. 비록 믿지는 않았지만 그 역시 하나님의 형상을 닮은 사람이었기 때문에 마음에 가책을 받은 것입니다. 그가 죽어서 하나님 앞에 설 때 무슨 면목이 있겠습니까? 그래서 때 늦었지만 써야 되겠다는 마음이 생긴 것입니다. 그러나 불행하게도 그는 1년을 채 살지 못했습니다. 안 믿는 사람도 그런 가책을 받는데 하물며 인생이 '공수래공수거'에 불과한 것임을 아는 우리 믿는 사람들이 재물을 움켜쥐고만 있다가 하나님 앞에 빈손 들고 서는 부끄러운 사람 되어서는 안될 것입니다. 말씀대로 살아야 합니다.

'유산 안 남기기 운동'이 신선한 바람을 일으키고 있습니다. 1984년도에 시작된 이 운동은 많은 회원을 확보하고 있다고 합니다. 그 가운데는 한국 유리의 최재섭 회장을 비롯해서 이영덕 전 총리와 이한빈 전 총리, 정근모 전 장관, 손봉호 교수 등 상당수의 유명 인사들이 끼여 있습니다. 그들은 부모가 가지고 있는 재산을 자녀들에게 물려주면 자녀들을 무위도식하게 하거나 낭비하는 삶을 살게 만들어 자녀들의 인생을 망칠 위험성이 크다는 인식하에 자신들의 재산 중 3분의 2를 하나님 나라를 위해 쓰던지, 아니면 이 사회의 선한 일에 바치고 세상을 떠나겠다고 서약하는 것을 기본 강령으로 삼고 있습니다.

이 서약에 다짐을 하고 실천하려는 부모들의 간증을 읽어 보았는데 참 재미있는 말들이 많았습니다. 어떤 사람은 이렇게 말합니다. "유산을 남겨 주지 않고 사회에 환원하겠다. 하나님 나라를 위해 쓰겠다고 했더니 아이들의 눈매가 달라지면서 이제는 내 힘으로 살아야 되겠구나 하고 각오를 단단히 하는 것을 보았다"고 합니다. 또 어떤 분은 이렇게 말합니다. "교회나 사회 단체에 기쁜 마음으로 헌금할 수 있는 용기가 생겨서 좋습니다." 또 다른 사람은 이렇게 말합니다. "해마다 유서를 새로 쓰다 보니 죽음에 대한 공포에서 해방되고 인생을 관조할 수 있는 여유가 생겼습니다." 돈에서 마음이 떠나니까 유서를 쓰면서도 '공수래공수거' 하면서 인생을 적나라하게 볼 수 있게 되고, 가진 것을 마음대로 선한 일에 내줄 수 있는 여유를 가지게 되었다는 것입니다.

우리는 인간이기에 돈을 사랑할 수 있는 가능성을 항상 지니고 있습니다. 예수를 믿게 되었지만 우리는 여전히 부패한 본성을 가진 육신을 가지고 있습니다. 그러므로 아무도 장담하거나 큰소리칠 수 없는 게 사실입니다. 그러나 돈으로 인해서 오늘 이 사회가 얼마나 참혹한 지옥이 되어 가고 있는지를 보면서 우리부터 정신을 차려야 되겠습니다.

하나님은 사랑하는 우리를 향해서 돈을 바로 다루라고 말씀하십니다. 뿐만 아니라 돈을 바로 다루기 위해서 내 마음이 먼저 고쳐져야 된다고 말씀하십니다. 하나님이 날마다 베풀어 주시는 은혜로 살아가는 평범한 '우리' 라고 생각되십니까? 자족하십시오. 행여나 마음속에 부자가 되고 싶어하는 욕심이 살아 있어서 "돈돈" 하고 있습니까? 하루빨리 회개하시고 하나님이 주시는 새로운 마음을 가지십시오. 이미 하나님의 축복을 받아 물질의 부요를 누리는 분들이 계십니까? 쌓아 놓지 말고 흩어 쓰십시오. 선한 일에 힘쓰십시오.

그렇게 해서 우리가 이 세상을 좀더 밝혀야 되지 않겠습니까? 우리가 가진 것으로 이 세상을 구원하는 일에 써야 되지 않겠습니까? 우리 모두 이 귀한 일에 하나님께 쓰임받는 멋진 백성이 되었으면 좋겠습니다.

신뢰와 긍정의 이중주

내가 이 확신을 가지고 너희로 두 번 은혜를 얻게 하기 위하여 먼저 너희에게 이르렀다가 너희를 지나 마게도냐에 갔다가 다시 마게도냐에서 너희에게 가서 너희가 보내 줌으로 유대로 가기를 경영하였으니 이렇게 경영할 때에 어찌 경홀히 하였으리요 혹 경영하기를 육체를 좇아 경영하여 예 예 하고 아니 아니라 하는 일이 내게 있었겠느냐 하나님은 미쁘시니라 우리가 너희에게 한 말은 예 하고 아니라 함이 없노라 우리 곧 나와 실루아노와 디모데로 말미암아 너희 가운데 전파된 하나님의 아들 예수 그리스도는 예 하고 아니라 함이 되지 아니하였으니 저에게는 예만 되었느니라 하나님의 약속은 얼마든지 그리스도 안에서 예가 되니 그런즉 그로 말미암아 우리가 아멘 하여 하나님께 영광을 돌리게 되느니라 우리를 너희와 함께 그리스도 안에서 견고케 하시고 우리에게 기름을 부으신 이는 하나님이시니 저가 또한 우리에게 인치시고 보증으로 성령을 우리 마음에 주셨느니라 내가 내 영혼을 두고 하나님을 불러 증거하시게 하노니 다시 고린도에 가지 아니한 것은 너희를 아끼려 함이라. 고린도후서 1 : 15~23

"당신은 나를 신뢰해도 좋습니다. 왜냐하면 내가 믿는 하나님이 신실하시기 때문입니다." "나는 절대로 부정적일 수 없습니다. 나는 모든 것을 긍정적으로 보는 사람입니다. 왜냐하면 내가 믿는 하나님이 항상 긍정적인 분이시기 때문입니다."

오늘날 그리스도인들이 당면하고 있는 심각한 고민 중의 하나는 세상 사람들과 별로 다른 데가 없다는 것입니다. 이것은 대단히 심각한 문제가 아닐 수 없습니다. "믿는 사람이 다르긴 뭐가 달라! 그런 순진한 소리는 집어치우라고. 오히려 믿는 사람이 더 하다니까." 언젠가 저보고 들으라고 큰소리로 떠들어 대던 사람의 말이 아직도 잊혀지지 않습니다. 심지어 예수 믿는 사람들 가운데도 "아무리 예수를 믿어도 세상을 살려면 세상 사람들과 같아야지, 달라 가지고서야 어디 발이나 붙일 수 있는 줄 아시오?"라며 자기 나름대로의 지론을 펴는 사람들이 꽤 많이 있습니다.

그러나 이것은 하나님의 말씀을 정면으로 부인하려는 무모한 행동에 지나지 않습니다. 하나님은 자신이 사탄과 철저하게 다른 것처럼 하나님의 자녀인 우리도 세상 사람들과 철저하게 달라야 한다고 말씀하십니다. "그리스도와 벨리알이 어찌 조화되며 믿는 자와 믿지 않는 자가 어찌 상관하며."(고후 6:15) 예수 그리스도와 이 세상의 신인 벨리알이 조화를 이루는 것이 불가능하듯 믿는 자와 믿지 않는 자는 서로 구별될 수밖에 없다는 것입니다. 우리는 세상 사람들과 근본적으로 다른 존재들입니다. 그렇다면 우리가 어떤 점에서 그들과 달라야 한다는 말입니까? 오늘 본문을 중심으로 이것에 대해서 함께 생각해 보고자 합니다.

본문 말씀을 제대로 이해하기 위해서는 먼저 그 배경을 살펴볼 필요가 있습니다. 고린도 교회는 사도 바울이 2차 선교 여행 때 개척한 교회였습니다. 2차 선교 여행을 마치고 안디옥에 가 있던 바울은 자신이 지난번 여행 때 세운 교회들을 순방하기를 원했습니다. 이것이 3차 선교 여행입니다. 그는 여행하는 동안 고린도 교회를 방문하려고 두 번이나 계획을 세웠지만 이상하게도 두 번 다 계획을 취소하게 되었습니다. 결과적으로는 두 번이나 약속을 어기게 된 것입니다. "내가 이 확신을 가지고 너희로 두

그리스도인의 자존심 105

번 은혜를 얻게 하기 위하여 먼저 너희에게 이르렀다가." 그는 두 번 그들을 방문하려고 했습니다. 그러나 두 번 다 그들을 지나쳐 마게도냐로 갈 수밖에 없었습니다(16절). 그럼에도 바울은 포기하지 않고 세 번째 방문 계획을 세우고, 이번에 가면 좀더 오랫동안 고린도 교회 교인들과 함께 지내리라 마음먹고 있었습니다.

바울이 이와 같이 방문 계획을 두 번이나 취소하게 되니까 고린도 교회 안에서 바울을 반대하는 사람들이 그것을 꼬투리 잡아 그에게 인신 공격을 퍼붓기 시작했습니다. "바울이라는 사람은 한다고 하다가 자기에게 불리하다고 생각되면 금방 안 한다고 번복하는 이중 인격자"라고 사람들을 선동한 것입니다. 한마디로 그는 신뢰할 수 없는 사람이라는 것입니다. 이와 같은 선동에 말려든 어리석고 수준 낮은 교인들은 바울을 절대 신뢰할 수 없는 사람인 양 색안경을 끼고 보기 시작했습니다.

교인은 그 교회의 지도자가 영적으로 낳은 자녀라고 할 수 있습니다. 우리가 자녀에게 신뢰받지 못하는 부모의 아픔을 안다면, 고린도 교회의 교인들이 자신을 이중 인격자로 몰아붙이며 불신임한다는 소식을 듣게 되었을 때 바울이 얼마나 큰 충격과 상처를 받았을지 충분히 상상할 수 있을 것입니다. 그것은 인격 모독을 지나서 배신감마저 느끼게 할 만큼 견디기 어려운 것이었습니다. 이러한 충격과 상처를 안고 오랫동안 고통하던 바울은 부득이 필을 들고 자신의 입장을 변호하기로 결심했습니다. 그래서 그가 쓰게 된 내용이 바로 본문 말씀입니다.

사실 바울이 고린도 교회를 방문하려고 했던 계획을 두 번씩이나 취소할 수밖에 없었던 것은 자신 때문이 아니라 고린도 교회의 사정 때문이었습니다. 우리가 잘 아는 바와 같이 당시 고린도 교회는 매우 복잡한 상황에 처해 있었습니다. 복잡한 문제로 얽히고설켜서 서로가 긴장하고 있었고, 또 서로 신뢰하지 못하는 분위기에 있었습니다. 나는 바울파, 나는 아볼로파, 나는 베드로파 하면서 서로 분쟁하며 헐뜯는 험악한 상황 가운데 있었습니다(고전 1:12). 바울은 고린도 교회를 방문하겠다고 약속을 했지만 그런 상황에서는 자기가 가는 것이 오히려 그들을 자극하여 영적으로 시험받게 할 위험성이 크다는 생각을 하게 되었습니다. 그래서 그들을 정말 아끼는 마음에서 두 번이나 방문 약속을 취소해야 했던 것입니다.

바울은 자신의 심경을 이렇게 표현합니다. "내가 내 영혼을 두고 하나님을 불러 증거하시게 하노니 다시 고린도에 가지 아니한 것은 너희를 아끼려 함이라." 바울은 자신의 말이 둘러대는 변명처럼 들리기를 원치 않았습니다. 그래서 그는 하나님이 자신의 말이 진실함을 증명해 주시기를 기도하는 마음으로 하나님의 이름을 걸고 맹세하듯 방문을 취소하게 된 내막을 밝히고 있는 것입니다.

두 가지 질문

바울은 고린도 교인들에게 자신의 신실함을 변호하면서 매우 중요한 진리 두 가지를 교훈하고 있습니다. 이것은 바울뿐만 아니라 예수 믿는 모든 사람에게 그대로 적용되어야 할 불변의 진리일 것입니다. 그 두 가지 진리란 다음과 같은 두 가지 질문에 대한 대답입니다. "그리스도인이 신뢰할 만하다는 근거는 무엇인가?" "그리스도인이 긍정적일 수 있는 근거는 무엇인가?" 바울은 자기 자신을 변호하는 가운데 이 두 가지 질문에 대한 명쾌한 해답을 웅변적으로 제시해 주고 있습니다.

왜 신뢰할 만한가?

첫 번째 질문에 대해 생각해 봅시다. '그리스도인은 왜 신뢰할 만합니까?' 바울은 자신에 대해서 이렇게 말합니다. "고린도 교인들이여, 당신들은 나를 신뢰할 만하다고 생각해야 합니다. 왜냐하면 내가 믿는 하나님이 신실한 분이시기 때문입니다"(18절). 바울이 자신을 신뢰할 만하다고 한 이유는 그가 믿는 하나님이 신실하시기 때문이었습니다. 그는 자신이 이중 인격자가 아니라 신뢰할 만한 사람이라는 것을 변호할 때 자신의 잘난 것이나 성실함, 정직함 등을 내세우지 않았습니다.

사실 인간 중에는 그런 것을 내세울 수 있을 만한 존재가 아무도 없습니다. 예레미야 17장 9절 말씀처럼 "만물 중에 가장 거짓되고 부패한 것이 인간의 마음"이라고 한다면, 정도의 차이는 있을지 몰라도 누구나 믿을 수 없는 존재라는 점에서 차이가 없는 것입니다. 그렇다면 바울이라 해도 다를 게 없습니다. "내가 이렇게 잘난 사람이요. 그러니 나를 믿어주시오"라고 말할 만한 입장이 못되는 것입니다. 만약 그가 그런 식으로 자기를 변호했더라면 오히려 더 큰 거부 반응을 불러일으켰을지도 모릅니다. 그러나 바울은 그들의 눈을 하나님께로 돌리게 만들었습니다. 자기가 믿는 하나님이 미쁘시기 때문이라는 것입니다.

사실 하나님이 신실한 분이시라는 사실을 의심하는 사람은 아무도 없습니다. 그분은 절대 조령모개(朝令暮改)하는 분이 아니십니다. 속으로는 이렇게 생각하면서 말은 저렇게 표현하는 분이 아니십니다. 그는 항상 예스(Yes)면 예스, 노우(No)면 노우하시는 분이십니다. 어떤 면에서 18절의 "예 하고 아니라 함이 없노라"는 번역은 자칫 오해를 불러일으키기 쉽습니다. 마치 하나님은 절대 '노우'는 안 하시고 항상 '예스'만 하신다는 말로 들리기 쉽기 때문입니다.

그러나 이 구절의 진의는 하나님은 한 입으로 예와 아니오라는 두 가지 말을 하시지 않는다는 뜻입니다. 다시 말해 한 번 '그래' 하신 것은 끝까지 지키신다는 말입니다. 하나님은 우리에게 별로 유익하지 못한 것에 대해서는 단호하게 "안돼"라고 말씀하시는 분입니다. 그러나 우리에게 유익하다고 생각하시는 부분에 대해서는 항상 무엇이든지 "좋다"고 하시는 분이 바로 우리 하나님이십니다.

성경에는 하나님이 우리에게 약속하신 것이 약 7,500가지나 기록되어 있다고 합니다. 하나님은 그 중에 하나라도 소홀히 다루시거나 어기신 적이 없습니다. 여호수아는 임종을 앞두고 자기 후손들에게 이렇게 간증했습니다. "보라 나는 오늘날 온 세상이 가는 길로 가려니와 너희 하나님 여호와께서 너희에게 대하여 말씀하신 모든 선한 일이 하나도 틀리지 아니하고 다 너희에게 응하여 그 중에 하나도 어김이 없음을 너희 모든 사람의 마음과 뜻에 아는 바라"(수 23:14). 하나님은 신실하심 그 자체시라는 것입니다. 악한 자를 심판하시리라 약속하셨다면 금세에서도 심판하실 것이요, 내세에서도 그 심판을 그대로 지키실 것입니다. 가난한 자나 고독한 자, 병 든 자, 소외당한 자에게 하나님이 위로와 축복을 약속하셨습니까? 반드시 그대로 지키실 것입니다. 하나님은 자신을 신뢰하고 두려워하는 자에게 약속하신 축복을 하나도 어김없이 다 지키고 계십니다.

바울은 하나님이 이렇게 신실하고 신뢰할 만한 분이시니 그분을 믿는 나를 믿어 달라고 말하고 있는 것입니다. 어떻게 보면 "우리 아버지는 정직한 사람이었소. 그러니 아들 된 나를 믿어 주십시오"라고 말하는 것처럼 들릴지 모릅니다. 그러나 사실 아버지가 신실하다고 해서 아들 역시 신실하다고 믿어 주기에는 어려운 점이 많은 것이 현실입니다. 그렇다면 바울은 도대체 무슨 근거로 하나님이 신실하고 신뢰할 만하니 자신도 신뢰할 만하다고 말하는 것입니까?

우리가 분명히 알 것은, 바울이 막연하게 세상적인 논리를 따라 그렇게 말하고 있는 것이 아니라는 사실입니다. 그가 그렇게 말할 수 있는 데는 명백한 근거가 있었습니다. 21절에서 그 근거를 찾을 수 있습니다. 바울은 이렇게 말합니다. "우리를 너희와 함께 그리스도 안에서 견고케 하시고 우리에게 기름을 부으신 이는 하나님이시니." 바울은 자신을 그리스도 안에서 이미 견고케 된 사람이요, 성령의 기름 부음을 받은 사람이라고 말합니다.

그리고 자신을 그렇게 만드신 분은 하나님이시라고 말합니다. 바울이 예수를 믿게 된 것은 그가 원해서 된 것이 아닙니다. 그는 하나님께 강제로 끌려가서 예수를 믿게 된 사람입니다. 바울이 성령의 기름 부음을 받은 것도 자신이 구해서 된 일이 아닙니다. 하나님이 성령을 선물로 주신 것입니다. 그러니까 그로 하여금 예수 안에 들어와서 예수 믿는 사람이 되게 한 것도 하나님이시요, 예수를 믿자마자 성령을 부어 주신 이도 하나님이셨습니다. 즉 모든 것이 하나님의 강권적인 역사로 말미암은 것이었습니다.

성령께서 그의 안에 거하신다는 것은 부활하신 예수 그리스도 자신이 그의 안에 살아 계신다는 말과 같습니다. 더 나아가 이것은 단순히 내재하심에서 끝나지 않고 그의 속사람과 겉사람을 지배하심을 의미합니다. 이것은 바울이 갈라디아 교인들에게 고백한 사실 그대로를 말합니다. "이제는 내가 산 것이 아니요 내 안에 그리스도께서 사신 것이라." 그러기에 그는 자신을 '그리스도 안에 견고케 된 자'라고 말할 수 있는 것입니다(21절).

그러므로 바울의 논리는 매우 정당한 것입니다. 신실하시고 거짓이 없으신 하나님이 성령을 통해서 내 마음에 살아 계시기 때문에, 그의 신실하신 인격이 나를 통해서 반사되고 드러나게 된다는 것입니다. 나는 원래 거짓되고 믿을 수 없는 인간이지만 내가 믿는 신실하신 하나님이 내 마음에 와서 거하시니 나를 믿어도 좋다는 것입니다.

이것이 어디 바울에게만 해당되는 이야기겠습니까? 바울의 신앙 인격에서 일어나는 하나님과의 하나 되는 관계는 우리 모두에게도 똑같이 반복되어 나타나는 현상이라는 사실을 분명히 아셔야 합니다. "우리를 너희와 함께 그리스도 안에서 견고케 하시고, 우리에게 기름을 부으신 이는 하나님이시니." 하나님이 바울 자신뿐만 아니라 고린도 교회의 성도들 또한 그리스도 안에 견고케 하신다고 분명히 밝히고 있지 않습니까? 이 점에서 자기나 그들이나 다를 바 없다는 것입니다. 그러므로 바울의 마음에 계시던 그 하나님을 똑같이 모시고 있는 우리 역시 이렇게 말할 수 있습니다. "하나님 아버지가 신실하시니 나는 신뢰할 만한 사람이다."

우리 사회는 점점 불신 사회로 전락하고 있습니다. 부정부패의 사회적 독소가 민족의 건강한 생명을 좀먹어 가고 있는 어려운 때를 당했습니다. 대내외적으로 도덕적인 자본인 신뢰를 먼저 저축하지 않으면 안될 아주 중요한 위치에 와 있는데도 서로간에 불신이 팽배해 있습니다. 예수 믿는 사람들끼리도 서로 믿지 못합니다. 목사도 믿지 못합니다. 장로도 믿지 못합니다. 집사도 믿지 못합니다. 이런 풍토에서 어떻게 우리가 국제적으로 상품을 내놓고 거래를 할 수 있겠습니까? 신실하지 못한 사람이 만들어 내는 제품을 우리가 어떻게 신용할 수 있겠습니까? 양심적이지 못한 기업가가 만들어 내놓는 상품을 우리는 어떻게 안심하고 살 수 있겠습니까?

링컨이 말한 대로 우리가 몇 명의 사람들을 항상 속일 수는 있을지 모릅니다. 그러나 모든 사람을 항상 속게 만들 수는 없습니다. 물건을 한 번 팔아 먹을 때는 속일 수 있겠지만 두세 번 속이지는 못하는 것입니다. 그렇다면 우리가 가야 할 길은 오직 하나밖에 없습니다. 신뢰받을 수 있는 상품을 만들어 신뢰받는 나라가 되는 것입니다. 그럴 때 다른 나라와 떳떳하게 거래할 수 있게 되는 것입니다. 이것은 올림픽을 백 번 치른다고 되는 것도 아니요, 민주주의만 정착되면 다 되는 것도 아닙니다. 가장 중요한 것은 우리의 인격이 하나님처럼 신뢰받을 수 있는 인격으로 바뀌어야 한다는 것입니다. 그래서 그분의 성실하심이 우리의 삶을 통해서 반사되고 전달되게 해야 할 것입니다.

만일 이 나라 국민의 4분의 1이나 된다는 크리스천들이 사람들에게 "하나님은 신뢰할 수 있는 분이십니다. 그분은 거짓말을 못합니다. 그러므로 나를 믿어도 좋습니다. 왜냐하면 나는 하나님을 모시고 사는 그분의 자녀이기 때문입니다"라고 말할 수 있다면 이 사회가 얼마나 달라질까요? 신뢰받을 수 있는 사회를 건설할 일차적인 책임이 예수 믿는 우리들에게 있다고 봅니다. 도덕성이 결여된 4분의 3에게 기대를 걸 것이 아니라 선악을 분명히 분별할 줄 아는 크리스천들이 책임져야 하는 것입니다.

컴퓨터에 대해서는 잘 알지 못하지만 제가 아는 상식만 가지고도 분명하게 말할 수 있는 것이 있습니다. 컴퓨터는 거짓말을 할 줄 모른다는 것입니다. 컴퓨터는 인간이 만들어 준 프로그램을 따라 입력하는 대로 작동합니다. 1이면 1이고, 2이면 2입니다. 조금만 틀리게 조작을 해도 삐삐 소리를 내며 "잘못 눌렀소. 잘못 눌렀소. 고치시오"라는 메시지를 보내며 작동하지 않습니다. 그만큼 정직한 것입니다. 따라서 컴퓨터를 작동시키는 사람은 반드시 그것을 정직하게 대해야 합니다. 그래야만 자기가 원하는 대답을 얻을 수 있습니다.

이 사회에서 크리스천들이 이 컴퓨터와 같은 존재가 되어야 한다고 생각합니다. 우리가 세상에서 이와 같은 위치에 설 수만 있다면 거짓말을 밥 먹듯 하는 사람들이 우리 앞에서 태도를 바꾸게 될 것입니다. 우리를 만나는 자들이 거짓을 포기하지 않으면 안될 정도로 우리가 하나님의 성실하심을 따라 정직하게 산다면 거짓으로 물든 이 땅이 온전하게 고침받을 것입니다.

왜 긍정적일 수 있는가?

두 번째로 생각할 것은 '그리스도인은 왜 긍정적일 수 있는가?' 하는 것입니다. 고린도 교인들이 보기에는 두 번씩이나 약속을 지키지 못한 바울이 퍽 부정적이고 폐쇄적인 사람으로 보였는지도 모릅니다. 그러나 바울은 자신이 정반대의 사람이라고 말합니다. "하나님의 약속은 얼마든지 그리스도 안에서 예가 되나니 그런즉 그로 말미암아 우리가 아멘 하여 하나님께 영광을 돌리게 되느니라." 하나님이 그리스도 안에서 얼마든지 '예'가 되시기 때문에 그를 모시고 사는 사람은 항상 '예'라고 할 수 있다는 것입니다. 하나님은 우리가 항상 감격해서 '아멘 아멘', '할렐루야 할렐루야' 하며 살지 않으면 안될 정도로 좋은 것은 다 주시려고 하는 분입니다. 그에게는 부정적인 것이 전혀 없습니다.

마태복음 7장 7절을 보십시오. "구하라 그러면 너희에게 주실 것이요 찾으라 그러면 찾을 것이요 문을 두드리라 그러면 너희에게 열릴 것이니." 우리의 구하는 것이나 생각하는 것에 더 넘치도록 주시는 분이 우리 하나님이십니다(엡 3:20). 후히 되어 누르고 흔들어 넘치도록 안겨 주시는 분이 우리 하나님이십니다(눅 6:38). 그가 '안돼' 라고 하실 때에는 우리에게 유익하지 못하기 때문입니다. 우리에게 필요하고 유익한 것이라면 절대 접근 금지라는 팻말을 박아 두지 않으십니다. 우리가 믿고 모시는 하나님이 '예' 라고 하시기 때문에 우리는 항상 긍정적일 수밖에 없습니다. 이것이 바울이 말하려고 하는 내용입니다.

그리스도 안에서

그러나 우리가 한 가지 명심해야 할 것이 있습니다. 여기에는 한 가지 조건이 따른다는 사실입니다. 즉 그것은 '그리스도 안에서' 라는 조건입니다(20절). 저는 이 말이 두 가지 의미를 담고 있다고 봅니다.

첫째는 예수를 믿는 것을 의미합니다. 고린도후서 5장 17절을 보십시오. "그런즉 누구든지 그리스도 안에 있으면 새로운 피조물이라 이전 것은 지나갔으니 보라 새것이 되었도다." 여기서 '그리스도 안에' 라는 말은 바로 예수 그리스도를 믿는 것을 의미하는 것입니다.

다음으로는 주님께 순종한다는 의미입니다. 에베소서 6장 1절을 보십시오. "자녀들아 너희 부모를 주 안에서 순종하라 이것이 옳으니라." 이때 '주 안에서' 라는 말은 주님께 순종하라는 의미입니다. 예수 그리스도께 순종할 수 있는 범위 내에서 부모에게 순종하라는 것입니다. 이 말은 부모가 자녀에게 예수님의 명령에 어긋난 것을 명할 때는 순종하지 않을 수도 있다는 것을 전제합니다. 본문 20절의 그리스도 안에서는 이 두 가지 뜻을 모두 포함하고 있습니다.

우리는 예수님을 믿고 순종할 때 예수 그리스도를 항상 '예' 라고 하시는 주님으로 체험하면서 살 수 있습니다. 여러분 가운데 세상을 자기 계획대로 살려다가 절벽을 만난 분이 계십니까? 이것저것 다 해보았지만 이제는 능력의 한계를 절감하고 있는 분이 계십니까? 여기 놀라운 능력의 근원이 있습니다. 이것은 무한한 근원입니다. 예수를 믿으십시오. 예수님이 명령하시는 대로 순종하며 사십시오. 그리고 예수님 앞에 나아가 보십시오. 그에게 모든 것을 얻을 수 있는 가능성이 있습니다. 왜냐하면 그분은 예수 믿고 순종하는 자에게는 무조건 '예'라고 하시기 때문입니다.

사람들은 요즘 사회를 가리켜 적자생존의 경쟁 사회라고 합니다. 이제 웬만큼 똑똑한 사람이 아니고는 이 사회에서 살아 남지 못하고 모두 도태되고 말 것입니다. 그러나 아직 출구는 남아 있습니다. 예수 믿고 순종하기만 하면 모든 것에 '예'라고 대답하시는 우리 주님 앞에 나아갈 수 있습니다. 주님이 계시기에 우리는 절대 부정적일 수 없습니다. 우리가 믿고 의지하며 순종하는 예수님이 항상 긍정적인 분이시기 때문입니다.

성령의 보증

그러나 바울은 이것을 자기가 긍정적인 생을 살 수 있는 이유의 전부라고 말하지 않습니다. 아무리 하나님이 '예'라고 하실지라도 그 '예'를 자기 안에서 구체화시키고 체험하게 하시는 성령의 증거가 없이는 탁상공론에 그칠 수밖에 없다는 사실을 잘 알고 있기 때문입니다. "저가 또한 우리에게 인치시고 보증으로 성령을 우리 마음에 주셨느니라." 그가 성령의 보증을 언급하고 있는 것은 바로 그 때문입니다. '보증'이라는 말은 '계약금'이라는 뜻입니다. 집을 살 때는 반드시 10분의 1이든지 20분의 1이든지 약간의 계약금을 미리 지불합니다. 후에 중도금과 잔금을 지불하고 그 집을 사겠다는 것을 보증하는 신용 거래입니다. 하나님께서 우리에게 성령을 주신 것은 적당히 거하도록 하시기 위한 것이 아닙니다. 하나님이 약속하신 것을 틀림없이 주시겠다는 계약금으로 주신 것입니다. 성령은 하나님의 계약을 보증하는 사인인 것입니다.

그리스도인은 세상에서 하나님의 결제 서류를 가지고 다니는 사람입니다. 성경에는 하나님이 친히 성령으로 약속하고 보증하신 엄청난 약속들이 수없이 기록되어 있습니다. 성경은 하나님이 성령으로 도장을 찍어서 우리에게 결제해 주신 일종의 결제 서류입니다. 그래서 우리는 이것만 보면 중도금과 잔금도 다 받을 것이라고 분명히 믿을 수 있는 것입니다.

그러므로 하나님이 이렇게 모든 것을 다 주신다고 성령의 인을 쳐서 보증하시고 약속을 주셨는데 내가 어떻게 부정적인 사람이 될 수 있느냐는 바울의 논리는 정당한 것입니다. 바울이 비록 두 번이나 고린도 교회를 방문하려다가 못 갔지만 그렇다고 해서 그를 항상 부정적으로 "안돼 안돼" 하는 사람으로 볼 수 없는 이유가 바로 여기에 있습니다. 예수 믿는 사람에게는 이와 같은 부정적인 것이 있을 수 없습니다. 왜냐하면 하나님이 너무나 긍정적인 분이시기 때문입니다.

사랑하는 형제 자매 여러분, 과연 우리는 어떻습니까? "내 안에 모시고 사는 하나님이 너무나 긍정적인 분이시기 때문에, 그분에게는 모든 것이 가능하기 때문에, 나는 항상 긍정적일 수 있습니다." 이렇게 말할 수 있습니까?

우리는 도덕적으로, 정신적으로, 정치적으로 매우 어두운 시대를 살아가고 있습니다. 저는 사방이 이렇게 어둡기 때문에 우리 그리스도인들이 세상 사람들에게 영향을 미칠 수 있는 더 좋은 기회를 맞이했다고 생각합니다. 아무리 상황이 복잡하고 불투명해도 우리가 비관하지 않으면 나머지 4분의 3도 비관하지 않을 것입니다. 부정적인 시각에 사로잡힌 채 비관하기보다 모든 것을 그리스도 안에서 가능하다고 보는 하나님의 자녀들이 곳곳에서 이 사회를 지탱하는 튼튼한 보루가 될 것이기 때문입니다.

가이사랴 아구스도가 로마의 황제일 때 있었던 일입니다. 그의 신복 중에 공로 훈장이나 상을 받아 보았으면 하고 몹시 갈망하는 사람이 있었다고 합니다. 그의 그런 마음을 알게 된 황제는 어느 날 그에게 굉장한 선물을 하사했습니다. 선물을 받은 그 신하는 너무나 황홀해서 "아니, 이것은 저에게는 너무 커서 받을 수가 없습니다"라며 어쩔 줄 몰라 했습니다. 그때 황제는 껄껄 웃으면서 이렇게 대답했다고 합니다. "나에게는 너무 커서 주지 못할 것이 하나도 없다네."

이것은 바로 우리 하나님의 대답입니다. 하나님은 너무 커서 주지 못할 것이 아무것도 없습니다. 너무 어려워서 하지 못하시는 일도 없습니다. 항상 그리스도 안에서 '예'라고 말씀하시는 하나님을 모시고 사는 우리가 왜 '안돼'라고 합니까? 왜 불가능하다고 얼굴을 찡그립니까? 지금 당장 내 손에 없다고 해서 그것을 불가능이라고 보면 안됩니다. 왜냐하면 내 손에 없다면 하나님의 손에 있기 때문입니다. 하나님의 손에 있으면 곧 내 손에 있는 것과 다를 바 없는 것입니다.

우리는 본문을 통해서 두 가지 질문에 대한 대답을 분명히 알게 되었습니다. 그러므로 이제는 우리도 바울처럼 말할 수 있어야 합니다. "당신은 나를 신뢰해도 좋습니다. 왜냐하면 내가 믿는 하나님이 신실하시기 때문입니다." "나는 절대로 부정적일 수 없습니다. 나는 모든 것을 긍정적으로 보는 사람입니다. 왜냐하면 내가 믿는 하나님이 항상 긍정적인 분이시기 때문입니다."

　이와 같은 자세를 가지고 세상을 살아간다면 우리는 세상 사람들과 분명히 구별된 사람들이 될 수 있을 것입니다. 또한 이 세상에서 하나님을 모른 채 소망을 잃고 주저앉아 있는 수많은 사람들을 능력의 근원이신 예수 그리스도께로 인도하여 그리스도 안에서 견고케 된 자들로 세울 수 있으리라 믿습니다.

인격이 변해야 삶이 변합니다

오직 성령의 열매는 사랑과 희락과 화평과 오래 참음과 자비와 양선과 충성과 온유와 절제니 이 같은 것을 금지할 법이 없느니라. 갈라디아서 5 : 22~23

나는 예수님 안에 예수님은 내 안에 하나가 되도록 성령이 우리 안에서 일하십니다. 그분은 성령의 열매를 가진 자로서 다른 사람을 위해 살 수 있도록 우리의 인격을 변화시키는 작업을 쉬지 않고 하고 계십니다.

마리우스 고글은 "기독교는 예수의 종교가 아니라 예수를 따르는 사람들의 종교"라고 했습니다. 의미심장한 이 한마디는 세상에서 기독교가 책임져야 할 부분을 잘 표현한 말이라고 생각됩니다. 세상은 예수 그리스도를 직접 볼 수가 없습니다. 오직 교회를 통해서 예수님을 보게 됩니다. 또한 세상은 예수님과 직접 만날 수 없습니다. 오직 예수 믿는 사람들의 인격과 삶을 통해서 예수님을 만나게 됩니다. 그러므로 기독교에 대한 마리우스 고글의 정의는 세상에서 교회와 성도들의 역할이 그만큼 중요하다는 것을 강조했다는 데 의의가 있습니다. 만약 우리가 그리스도를 보여 주지 못한다면 세상은 결코 예수를 알지 못할 것입니다.

한국 교회 안에 만연한 불신은 교회와 세상, 신자와 불신자 사이를 가로막는 장애 요인이 되고 있습니다. 심지어 한 가족 안에서도 믿지 않는 자가 믿는 자를 불신한다고 합니다. 그 이유가 무엇일까요? 예수 믿는 자들에게서 예수님을 발견할 수 없기 때문입니다. 사회 역시 교회를 불신합니다. 왜 그렇습니까? 교회가 예수 그리스도를 보여 주지 못하기 때문입니다. 이것이 오늘날 우리가 처한 현실입니다. 우리는 그 동안 '말과 행동이 다르다'는 불신의 씨앗을 우리 스스로 심어 왔던 것입니다.

어떤 불교학자가 기독교에 매력을 느껴서 성경을 깊이 연구했다고 합니다. 그가 내린 "결론은 예수님이야말로 정말 놀랍고 위대한 인물이다. 그런데 예수 믿는 사람들이 예수님과 같지 않은 것은 이해가 되지 않는다"는 것이었습니다. 바로 이것입니다. 예수를 불신하게 하는 자는 바로 예수 믿는 자들입니다. 여기에 우리의 탄식과 고민이 있습니다. 자칫하면 믿는 자로서의 긍지조차도 잃어버릴 정도의 심각한 문제가 아닐 수 없습니다. 우리가 생활 속에서 자주 실패하는 것은 하나님이 원하시는 수준만큼 인격이 변화되지 않았기 때문입니다. 여러분은 자신을 돌아볼 때 위선

자요, 모순에 싸여 있는 신자라는 가책을 받지는 않습니까?

성령의 아홉 가지 열매

본문 말씀은 예수 그리스도를 구주로 고백하고 십자가의 피로 죄 씻음을 받은 신자의 인격에 나타나는 찬란한 매력을 표현한 구절입니다. 우리가 얼마나 즐겨 외우는 말씀인지요. "오직 성령의 열매는 사랑과 희락과 화평과 오래 참음과 자비와 양선과 충성과 온유와 절제니 이 같은 것을 금지할 법이 없느니라." 사랑에서 절제까지 아홉 가지의 인격적 요건을 고루 갖춘 인물을 한번 그려 보십시오. 누구의 모습이 나타납니까? 예수님입니다. 따라서 예수를 믿는 자에게는 그분의 인격이 그대로 투영될 수밖에 없습니다.

그런데 우리 대부분은 왜 이 사실 앞에서 고통을 느낍니까? 우리 속에 성령의 열매가 부족하기 때문입니다. 하나님은 이런 우리를 향해서 예수를 닮아야 한다고 말씀하십니다. 아홉 가지 성령의 열매가 실제 삶에서 나타나야 비로소 그리스도인이 될 수 있다는 것입니다. 그러나 하나님은 우리에게 명령만 하시는 것이 아니라 그 가능성도 열어 놓으셨습니다. 우리는 자신의 부족함에 갈등하기보다는 긍정적인 입장에서 이 문제를 검토해 보아야 하겠습니다.

먼저 아홉 가지 성령의 열매에 대해서 살펴봅시다. '사랑'이 무엇입니까? 하나님이 우리에게 보여 주신 무조건적이고 자기 희생적인 사랑, 곧 아가페를 말합니다. 크리스천은 이 사랑을 실천하는 사람입니다. '희락'이 무엇입니까? 하나님이 자기를 사랑하신다는 사실 때문에 늘 충만한 기쁨입니다. 그것은 환경과 여건에 구애받지 않으며, 마치 사막의 반석에서 샘이 솟듯이 지속적으로 넘쳐 납니다. 크리스천은 이 기쁨의 근원을 소유한 사람입니다. '화평'이 무엇입니까? 어떤 상황에서도 마음의 동요가 일어나지 않는 평안을 말합니다. 크리스천은 자신과, 동시에 다른 사람들도 평안으로 하나 되게 하는 사람입니다.

'오래 참음'은 무엇입니까? 사람에 대하여 오래 참을 수 있는 능력입니다. 크리스천은 원수까지도 사랑하면서 참을 수 있는 사람입니다. 그리고 '자비'는 다른 사람의 잘못과 약점을 그대로 갚지 않고 덮어 주면서 불쌍히 여기는 마음입니다. 크리스천은 불쌍히 여기는 마음의 소유자입니다. '양선'은 부드러움과 강인함이 알맞게 조화를 이룬 품성을 말합니다. 크리스천은 부드러울 때 부드럽고, 강할 때 강하며, 양보할 때 양보할 줄 알고, 포기하지 말아야 할 때 끝까지 버티는 인격의 소유자입니다.

'충성'은 무엇에나 신실하게 최선을 다하는 것이며, '온유'는 과격하지 않고 한 쪽에 치우치지 않는 중용의 태도를 말합니다. 또한 자신을 다스릴 줄 아는 능력을 '절제'라고 합니다. 이 아홉 가지 요소들이 한 인격을 이루었을 때 그를 일컬어 성령의 사람, 곧 예수님을 닮은 사람이라고 말할 수 있습니다.

신자의 마음 상태

유명한 성경 학자인 라이트 푸트(Light Foot)는 이 아홉 가지를 세 그룹으로 분류한 후에 재미있는 통찰을 했습니다. 그는 '사랑, 희락, 화평'을 예수님을 마음에 모신 신자의 마음 상태라고 했습니다. 좋은 해석이라고 생각합니다. 예수 믿는 사람이 누구입니까? 사랑이 넘치고, 세상 사람들이 맛보지 못하는 기쁨을 마음에 담고 있으며, 늘 평안한 사람입니다. 마음의 상태가 이와 같을 때 우리는 떳떳하게 자신을 신자라고 소개합니다. "나는 그리스도를 따라가는 사람이며, 예수님과 조금이나마 닮은 데가 있다"고 자부하기도 합니다. 그러나 그 반대의 경우, 곧 사랑이 메마르고 마음에 기쁨과 평화가 사라지면 우리는 더 이상 주님과 닮은 점이 없다는 사실을 알게 됩니다. 믿지 않는 자들이 이러한 우리를 과연 업신여기지 않겠습니까?

신자의 대인 관계

라이트 푸트는 또한 '오래 참음, 자비, 양선'을 대인 관계에서 보여 주는 덕성이라고 규정했습니다. 오래 참는 훈련이 안된 사람은 대인 관계에서 실패하기 쉽습니다. 사람을 참지 못하면 사회 생활을 할 수 없으며, 그런 자세로는 차라리 사람을 사귀지 말아야 합니다. 성급하게 남의 잘못이나 약점을 들추어내고 비판함으로써 자신을 돋보이게 하려는 비열한 성격을 가진 사람은 다른 사람에게 손해를 끼치느라 자신의 시간을 허비하곤 합니다.

만약에 어떤 성도가 이렇게 남을 해치는 사람이라면 그를 통해서 그리스도께서 어떻게 영광을 받으시겠습니까? 오래 참지 못하는 사람일수록 자신은 성격이 급하니 이해해 달라고 변명하기에 급급한 것을 볼 수 있습니다. 그러나 다른 사람이 그를 꼭 이해해야 할 무슨 의무라도 있나요? 남의 이해를 바라기보다 자신이 먼저 남의 입장을 염두에 두는 것이 선행되어야 합니다. 더욱이 양선의 덕성을 갖추지 못하면 맺고 끊는 데가 없으며 주체 의식도, 신념도, 목표도 없이 흐리멍텅한 사람이 되기 쉽습니다. 양보하지 말아야 할 때는 끝까지 양보하지 말아야 하고, 옳은 것은 옳다고 주장하는 강인함이 있어야 인간적인 매력도 있는 것입니다. 그러므로 이 세 가지 요소는 대인 관계에서 빼놓을 수 없는 크리스천의 덕성이라고 할 수 있습니다.

신자의 행동 원리

그리고 '충성, 온유, 절제'는 자기 행동을 지배하는 원리라고 했습니다. 이것은 우리가 자신에게 "나는 하나님을 향해서나 사람을 향해서나 충성되게 일하겠다. 어떤 경우에도 과격하지 않으며, 내가 나를 다스리는 사람이 되겠다"고 다짐하고 그것을 실행하는 것을 말합니다. 이러한 행동의 원리가 뒤따르지 않는 사람은 그리스도를 보여 주는 일에 반드시 실패하고 맙니다.

우리 각자에게 이와 같이 그리스도의 인격을 닮은 요소들이 있습니까? 대인 관계에서 나타나는 덕성과 나 자신의 행동을 잘 규제하고 지킬 수 있는 원리가 있습니까? 우리 모두가 기도해야 할 부분입니다.

성령의 열매 - 예수의 인격

여기에서 한 가지 흥미로운 것은 성령의 열매가 단수라는 사실입니다.

우리말 번역은 단수인지 복수인지 구별하기 어려운 경우가 종종 있으므로, 열매가 아홉 가지나 되니 복수가 맞지 않겠는가 하는 추측도 해 볼 수 있습니다. 그러나 원문이나 영어 성경에는 단수로 기록되어 있는 것을 봅니다. 어떻게 아홉 가지나 되는 성령의 열매를 단수로 쓸 수 있느냐고 문법을 좀 아는 사람이면 당황할 만도 하지만, 성경적으로 볼 때는 조금도 이상하지 않습니다. 성령의 열매는 여러 종류가 아니라 하나입니다. 왜냐하면 예수님의 인격을 가리키고 있기 때문입니다. 인격은 하나지 둘이 아닙니다. 성령의 열매 역시 한 뿌리에서 나오는 것이므로 단수일 수밖에 없습니다. 이것은 열매의 종류가 아니라 열매의 다양성을 의미합니다.

포도 한 송이를 들고 보십시오. 얼마나 탐스럽고 향기롭고 달콤한 과일입니까? 포도는 수십 알의 포도 알이 달려 있지만, '포도들'이라는 복수로 쓰지 않고 '포도'라는 단수를 사용합니다. 어느 연구에 의하면, 포도 한 알마다 아홉 가지의 성분이 들어 있는데 그 성분들이 골고루 갖추어졌을 때 포도가 지니는 독특한 맛이 난다고 합니다. 그렇다고 그 성분들을 아홉 가지의 종류라고 말합니까? 아닙니다. 단지 포도의 맛을 내기 위한 하나의 성분일 뿐입니다.

이와 같이 예수 그리스도의 모습을 드러내는 신자의 인격은 한 인격이신 그리스도가 우리를 통하여 반사되고 흘러 넘치는 성령의 열매라 할 수 있습니다. 그러므로 사랑이 넘치는 데 오래 참지 못하는 사람이 있는가 하면, 양선이 넘치는 데 자비를 베풀지 못하는 사람이 있다는 식의 모순된 설정은 신자에게 적용이 되지 않습니다. 성령의 열매로 조화를 이룬 인격을 가진 사람은 양선이 필요할 때 양선을, 오래 참음이 필요할 때 오래 참음을, 사랑이 필요할 때 사랑을 나타냅니다. 이것이 신자의 인격입니다.

우리는 한 번도 예수님을 뵌 적이 없지만, 성령의 열매를 고루 갖춘 한 인격으로서의 예수님을 상상할 수는 있습니다. 그런데 예수님처럼 성령의 열매가 조화를 이룬 인격이 가지는 특징을 한마디로 요약한다면 어떻게 표현할 수 있을까요? 저는 그것을 '이타주의(利他主義)'라 부르고 싶습니다. 전적으로 남을 위해서 봉사하는 사람, 다른 사람을 위해서 자신을 희생하는 사람, 종으로서 다른 사람을 섬기는 사람 등이 이에 속합니다.

　'사랑'에서 '절제'까지를 놓고 보았을 때 이기주의와 어울리는 것은 하나도 없습니다. 예수님이 우리 중에 섬기는 자로 자처하신 것만 보아도 이타의 삶이 어떤 것인지를 명백히 알 수 있습니다. 그분은 우리를 위해서 사셨지 결코 자기를 위해서 살지 않으셨습니다.

　그러나 현대인들은 '나'라는 성곽을 견고히 쌓고 사는 존재입니다. 모든 출입문을 걸어 잠그고 그 성에서 빠져 나오지를 않습니다. 성경이 경고하는, 즉 자기만 사랑하는 말세적 존재들입니다. 이것이야말로 누구의 본성입니까? 타락한 아담과 하와의 본성입니다. 그들은 범죄한 순간부터 치마를 만들어 입는 등 부끄러운 자기를 감추기에 바빠서 남편이 아내를, 아내가 남편을 배려할 생각을 하지 못했습니다. 더욱이 그들은 하나님으로부터 책임 추궁을 당했을 때 책임을 상대방에게 전가하면서 자기 보호에만 급급했습니다. 이것이 이기주의자의 발로였습니다. 그 근성이 지금까지 우리에게 계승되어 왔으므로 우리는 본질적으로 철저한 이기주의자들입니다.

　만약 성령의 아홉 가지 열매가 인간의 이기주의에 유용한 것이었다면, 우리는 그것을 허겁지겁 받아들였을지도 모릅니다. 뿐만 아니라 남보다 내가 더 행복해지는 데 성령의 열매가 꼭 필요한 것이었다면 우리는 지대한 관심을 가지고 계속 추구했을 것입니다. 그러나 우리는 그것에 대해서 거리감을 느끼고 무관심해 왔습니다. 왜냐하면 성령의 열매는 이타주의자에게만 적용되는 인격적인 특성이므로, 마치 어린 다윗이 걸쳐 보았던 사울 왕의 갑옷처럼 이기주의자에게는 거북한 옷임에 틀림없기 때문입니다. 이 말은 우리가 그만큼 다른 사람을 위해 살기에는 준비가 되어 있지 않다는 것을 의미합니다.

로마서 12장 10절 이하는 신자의 삶이 어떠해야 하는가를 단적으로 보여 줍니다. "형제를 사랑하여 서로 우애하고 존경하기를 서로 먼저 하며"(10절). "성도들의 쓸 것을 공급하며 손 대접하기를 힘쓰라"(13절). "즐거워하는 자들로 함께 즐거워하고 우는 자들로 함께 울라 서로 마음을 같이 하며 높은 데 마음을 두지 말고 도리어 낮은 데 처하며 스스로 지혜 있는 체 말라"(15~16절). 바로 이것이 이타주의이며, 이타의 삶을 사는 크리스천의 모습입니다.

사실 성령의 열매를 가진 인격이 아니면 이 말씀에 순종한다는 것은 불가능합니다. 그러나 성령의 사람은 가정에서부터 자기 희생적으로 이타의 삶을 실천합니다. 우리의 가정을 먼저 돌아봅시다. 예수 믿는 남편이 믿지 않는 아내에게 어떤 모습으로 비쳐집니까? 이기주의자입니까, 이타주의자입니까? 또한 예수 믿는 아내는 예수 믿지 않는 남편의 눈에 희생적인 아내요, 어머니로 비쳐지고 있습니까?

유명한 전도자인 휫필드(Whitfield)가 한 번은 어떤 사람으로부터 "목사님, 저쪽에 서 있는 저 남자 분은 크리스천인가요?"라는 질문을 받았다고 합니다. 그러자 휫필드는 "잘 모르겠습니다. 아직 그의 부인되는 사람과 이야기를 나누어 보지 않았거든요"라고 대답했다고 합니다. 동문서답처럼 들리지만, 그의 말에는 깊은 진리가 숨어 있습니다. 그것은 '교회에 다니며 입으로 주여, 주여 한다고 다 크리스천이 아니다. 그가 진정한 크리스천인가를 알려면 가정에서 그의 인격이 어떻게 비쳐지고 있는지를 그의 아내로부터 들어 봐야 한다'는 뜻입니다. 많은 사람들이 교회를 신뢰하지 않거나 예수를 싫어하는 것에 대한 책임은 크리스천이면서도 이타주의로 살지 않는 우리에게 있습니다. 이것이 우리가 가정이나 직장에서 예수 믿는 사람으로서의 자신을 잘 살펴야 하는 이유입니다.

성령이 가능케 하신다

'예수'라는 이름은 철저한 이타주의의 표본입니다. 그 이름은 남을 죄에서 구원하기 위해 자기 몸을 죄값으로 지불했다는 사실과 함께 항상 주는 자요, 봉사하는 자요, 희생하는 자로서의 이미지를 가지고 있습니다. 하나님은 우리가 철저하게 그리스도를 닮기 원하십니다.

그러나 우리 자신은 어떻습니까? 이러한 성경 말씀을 볼 때마다 쉬이 변화되지 않는 우리 자신에 대하여 수없이 가책을 느끼지 않습니까? 예수님이 하나님의 아들이심을 믿어서 하나님의 자녀가 되고 나면 신자로서의 할 일은 끝나는 줄로 알았는데, 인격까지도 예수님을 닮아야 한다는 사실 앞에서 낙심하고 있지는 않습니까? 예수 믿는다는 것은 그만큼 쉬운 일이 아닙니다. 그것은 인간이 하나님을 닮는다는 어마어마한 주제를 함유하고 있기 때문입니다. 그러나 우리는 낙심할 필요가 없습니다. 우리 힘으로는 안되지만, 해결책이 없는 것은 아니기 때문입니다.

'나의 열매'나 '우리의 열매', 혹은 '신자의 열매'라고 하지 않고 '오직 성령의 열매'라고 말씀하신 하나님께 우리는 감사해야 합니다. 왜 그렇습니까? 우리는 아가페의 사랑을 할 수 없습니다. 우리는 온유할 수 없으며,

사람에 대해서 오래 참지 못합니다. 또한 지금까지 우리의 욕망이나 기타 삶의 여러 행태에 있어서도 절제하지 못했습니다.

그러나 성령이 우리 안에 거하신 이후부터는 스스로도 불가능하게 여겨지던 이 모든 것들이 하나하나 가능해지는 것을 발견하게 되지 않던가요? 나의 열매가 아니라 성령의 열매를 가진 자로서 아가페의 사랑을 할 수 있게 되었으며, 온유와 오래 참음과 절제도 가능해졌습니다. 성령은 부활하신 예수 그리스도와 우리를 하나 되게 하십니다. 즉 나는 예수님 안에 예수님은 내 안에 하나가 되도록 성령이 우리 안에서 일하신다는 뜻입니다. 그분은 성령의 열매를 가진 자로서 다른 사람을 위해 살 수 있도록 우리의 인격을 변화시키는 작업을 쉬지 않고 하고 계십니다. 그 때문에 예수님과 하나 된 나를 통해서 성령의 열매, 즉 예수님의 인격이 드러날 수밖에 없는 것입니다.

자연림이 우거진 숲에서 이상한 나무를 본 적이 있습니다. 둥치는 두 개인데, 중간부터 한 줄기로 합쳐져서 자란 나무입니다. 그들이 씨앗이었던 때로 시간을 거슬러 올라가 볼까요? 산은 나무나 풀의 씨앗들이 바람에 날려와 앉은 그 자리에서 자유롭게 싹을 틔우는 곳입니다. 그런데 우연히 두 개의 씨앗이 꼭 같은 자리에 떨어져서 포개진 채 두 개의 싹을 틔웠습니다. 시간이 흐릅니다. 두 개의 나무는 여린 가지를 뻗어 냅니다. 어쩌다가 센 바람이 불어오면 그들은 너무 가까이 붙어 있기 때문에 서로 엉켜 버리고 맙니다. 또다시 몇 년의 세월이 흐르면서 엉킨 채 풀리지 않은 큰 가지나 줄기는 바람 때문에 서로 끊임없이 비비적거리게 되어 껍질이 벗겨지고 상처가 나게 됩니다. 그 상처들을 통해서 나무의 진액이 흘러 나옵니다. 시간이 흐르면서 놀랍게도 두 나무 중 강한 쪽이 약한 쪽의 진액을 빨아들여서 이윽고 둘은 하나가 됩니다. 둥치는 두 개인데 어느 부분부터는 하나를 이루게 된 것입니다.

이 나무는 예수와 우리 사이를 비유하기에 매우 적절합니다. 성령은 우리 안에서 예수와 나 사이에 이와 비슷한 과정이 일어나게 하십니다. 처음 예수 믿었을 때는 예수님과 내가 서로 갈등을 일으키고 비비적거리기 시작합니다. 아직도 세속에 때묻어 있는 자아와 내 안에 새로 생긴 신령한 자아가 좀처럼 조화를 이루지 못합니다. 예수님에게 순응하기 싫어서 버티다가 상처를 입기도 합니다. 그러면 이윽고 예수 그리스도가 나를 받아들여서, 세례 요한이 말한 것처럼 나는 점점 망하고 예수는 점점 흥해서 내 인격을 통하여 그분의 품성이 반사되는 기적이 일어나게 됩니다. 이렇게 해서 성령의 열매를 가진 사람이 태어나는 것입니다.

성령이 하시는 일, 세 가지

그러면 우리 안에서 열매를 맺기 위해 성령은 어떻게 일하실까요? 첫째, 성령은 우리로 하여금 예수를 보게 하십니다. 고린도후서 3장 18절을 봅시다. "우리가 다 수건을 벗은 얼굴로 거울을 보는 것같이 주의 영광을 보매 저와 같은 형상으로 화하여 영광으로 영광에 이르니 곧 주의 영으로 말미암음이니라." 이 말씀은 지속적으로 어떤 대상을 응시하면 그 대상을 닮는다는 의미입니다. 마치 오랜 세월을 같이 산 부부가 서로 닮아 가는 이치와 같습니다.

우리가 예수를 닮은 인격이 되는 것은 내 안에 있는 육체의 정욕과 계속 혈투를 벌인다고 되는 것이 아니라, 성령의 도우심으로 그것을 물리쳐야만 가능한 것입니다. 예수를 보게 한다는 것은 성경을 깨달아 알게 하는 것이며, 쉬지 않고 기도하게 함으로써 그와 교제하게 하는 것입니다. 성령께서 이 두 가지를 지속적으로 하게 하신 체험이 있는 분은 안심하십시오. 당신은 예수 닮은 성령의 열매가 맺히고 있는 분입니다. 당신은 이 기적이 아닌 이타주의의 삶을 살 수가 있습니다.

둘째, 성령은 열매 맺는 데 필요치 않은 우리 안의 방해 요소를 제거해 주십니다. 로마서 8장 13절은 "너희가 육신대로 살면 반드시 죽을 것이로되 영으로써 몸의 행실을 죽이면 살리니"라고 했습니다. 이와 같이 성령은 우리가 몸의 행실을 죽이는 일을 도우십니다.

셋째, 예수를 닮게 행동할 수 있는 힘을 주십니다. 빌립보서 4장 13절에서 바울은 "내게 능력 주시는 자 안에서 내가 모든 것을 할 수 있느니라"고 했습니다. 믿는 자에게는 반드시 모든 일을 다 이룰 수 있도록 하나님께서 힘을 주십니다. 이것은 내가 몸부림쳐서 되는 문제가 아니라 성령께 맡김으로써만 가능한 일입니다.

우리는 성령을 모신 사람이요, 그리스도와 하나 된 그의 지체라는 것을 잊지 말아야 합니다. 우리를 통해서 이 사실이 세상에 드러나도록 성령께 순종하는 사람이 됩시다. 신자라고 하면서 우리의 인격과 삶에 성령의 열매가 보이지 않으면 만나는 사람마다 우리를 불신할 뿐만 아니라, 심지어는 예수님에 대해서까지 불신하게 될 것입니다. 그것은 하나님의 영광을 가리는 일입니다. 우리 모두가 예수 그리스도를 닮은 성령의 사람이 됩시다.

죄와의 동거를 청산하십시오

죄를 짓는 자마다 불법을 행하나니 죄는 불법이라 그가 우리 죄를 없이하려고 나타내신 바 된 것을 너희가 아나니 그에게는 죄가 없느니라 그 안에 거하는 자마다 범죄하지 아니하나니 범죄하는 자마다 그를 보지도 못하였고 그를 알지도 못하였느니라 자녀들아 아무도 너희를 미혹하지 못하게 하라 의를 행하는 자는 그의 의로우심과 같이 의롭고 죄를 짓는 자는 마귀에게 속하나니 마귀는 처음부터 범죄함이니라 하나님의 아들이 나타나신 것은 마귀의 일을 멸하려 하심이니라 하나님께로서 난 자마다 죄를 짓지 아니하나니 이는 하나님의 씨가 그의 속에 거함이요 저도 범죄치 못하는 것은 하나님께로서 났음이라. 요한일서 3:4-9

마귀는 더 이상 우리를 자기 수중으로 끌고 갈 수 없습니다. 예수님이 우리의 죄를 다 제거하시고 우리를 하나님의 자녀로 인정해 주셨기 때문입니다.

정권이 바뀔 때마다 하게 되는 청문회는 온 국민들의 관심과 이목을 집중시킵니다. 여러분은 청문회를 지켜보면서 무슨 생각을 하셨습니까? 텔레비전으로 청문회 중계 방송을 시청했던 사람들은 너나할것없이 죄인이라고 추정되는 몇몇 증인을 향해서 돌을 던졌습니다. 민족의 대역 죄인이라는 것입니다.

죄를 지은 사람을 죄인이라 정죄하는 것은 어떤 면에서는 당연한 일입니다. 그러나 적어도 우리 예수 믿는 사람들은 세상 사람들과 달라야 합니다. 그들을 정죄하기에 앞서 우리 자신을 돌아보고, 그들의 모습에서 우리가 영적으로 무엇을 배울 수 있을지를 깊이 생각해 보아야 옳을 것입니다. 예수님께서는 간음한 여인을 향해 돌을 든 군중들에게 이렇게 말씀하지 않으셨습니까? "너희 중에 죄 없는 자가 먼저 돌로 치라"(요 8:7). 만약 주님이 우리 각자에게 "너는 죄가 없는가? 너는 죄 문제를 평소에 어떻게 다루면서 살아왔는가"라는 문제를 가지고 청문회를 여신다면 심문하시는 주님 앞에서 뭐라고 증언하겠습니까? 주님 앞에서 부끄러움을 당하지 않으려면 죄에 대한 우리의 인식과 자세를 새롭게 점검할 필요가 있습니다.

죄는 불법이다

성경에는 죄에 대한 정의가 너댓 가지 정도 나옵니다. 그 가운데 가장 대표적인 것이 본문 4절의 정의입니다. "죄를 짓는 자마다 불법을 행하나니 죄는 불법이라." 사도 요한은 죄를 '불법'으로 정의합니다. 이것은 말 그대로 '법에 어긋나는 행동'을 의미합니다. 그러므로 죄를 지었다는 것은 곧 법을 어겼다는 말과 같습니다. 계엄군이 국회를 해산한 것이 법적으로 타당하냐, 타당하지 않느냐에 대해 치열한 공방전이 벌어지고 있지만 전문 지식이 없는 우리가 봐도 그 행위가 죄라는 것이 명백하지 않습니까? 국가의 법을 어긴 행위였기 때문입니다.

성경이 죄를 불법이라고 말하는 것도 같은 맥락에서 이해할 수 있습니다. 성경은 하나님의 법입니다. 그러므로 성경에 기록되어 있는 하나님의 뜻에 어긋나는 모든 생각과 행동이 죄인 것입니다. 죄는 크게 두 가지로 나뉠 수 있습니다. '오미션(Omission)'의 죄와 '커미션(Commission)'의 죄가 그것입니다. 오미션의 죄는 성도로서 마땅히 해야 할 일을 하지 않는 것이요, 커미션의 죄는 하지 말아야 할 일을 하는 것입니다. 이런 의미에서 볼 때 우리가 범하는 죄는 전부 하나님을 향한 거역이며 반항이라 할 수 있습니다.

하나님의 자녀는 죄를 짓지 말아야 한다

우리는 본문을 통해서 죄에 대해서 네 가지 원리를 배울 수 있습니다. 첫째, 하나님의 자녀로서 우리는 죄를 짓지 말아야 한다는 것입니다(4절). 이것은 움직일 수 없는 원칙으로 요한일서 2장 1절에도 명시되어 있습니다. "나의 자녀들아 내가 이것을 너희에게 씀은 너희로 죄를 범치 않게 하려 함이라." 하나님의 자녀 된 우리는 예수 그리스도를 십자가에 죽게 만든 죄를 여전히 사랑하고 용납해서는 안됩니다. 부모를 사랑하는 자식이 부모의 뜻을 거스르지 않듯이, 하나님의 자녀 된 우리 역시 하나님의 뜻을 거스르지 말아야 합니다. 시편 97편 10절을 보십시오. "여호와를 사랑하는 너희여 악을 미워하라." 진정 하나님을 사랑한다면 의지와 행동으로 그의 뜻을 거스르지 않을 뿐 아니라 감정적으로 죄를 미워하기까지 해야 합니다.

인간-죄를 지을 수밖에 없는 존재

그럼에도 불구하고 우리는 날마다 죄를 짓고 삽니다. 예루살렘 성전을 완공하여 헌당식을 할 때 솔로몬이 한 기도야말로 인간이 하나님께 드릴 수 있는 가장 솔직한 고백이라고 생각합니다. 역대하 6장 36절을 보십시오. 그는 이렇게 고백했습니다. "범죄치 아니하는 사람이 없사오니." 하늘과 같은 은혜를 맛본 사람도 죄를 짓고, 수십 년 동안 신앙 생활을 해온 사람도 죄를 짓습니다. 다시는 죄를 짓지 않겠다고 수없이 회개한 사람도 죄를 짓습니다. 어제도 죄를 지었고, 오늘도 짓고 있으며, 내일도 죄를 짓는 존재가 바로 인간입니다. 이것은 하나님께서도 시인하신 것입니다.

요한일서 1장 8절을 보십시오. "만일 우리가 죄 없다 하면 스스로 속이고 또 진리가 우리 속에 있지 아니할 것이요." 우리가 죄를 지었다고 고백하는 것이 정상이라는 것입니다. 또 1장 10절을 보십시오. "만일 우리가 범죄하지 아니하였다 하면 하나님을 거짓말하는 자로 만드는 것이니 또한 그의 말씀이 우리 속에 있지 아니하니라." 여기서 '범죄하다'는 사람이 부지중에 잘못을 범하게 되는 것으로서, 특별히 하나님의 자녀가 평소에 빠질 수 있는 범죄 행위를 지칭합니다.

어떤 사람은, 하나님의 자녀는 죄를 짓지 말아야 한다는 첫 번째 원칙을 오해하고서 믿는 사람은 절대 죄를 짓지 않는다고 생각합니다. 그러나 성경은 우리에게 이러한 완전주의를 요구하지 않습니다. 그러므로 누구든지 예수 믿은 후에는 더 이상 죄를 짓지 않는다고 주장한다면 죄를 지을 수 있는 개연성을 시인하고 계시는 하나님을 거짓말쟁이로 만드는 가소로운 일이 될 것입니다. 인간으로 태어난 이상 우리 모두는 죄를 지을 수밖에 없는 존재입니다. 은혜 받은 사람이라고 예외일 수 없습니다. 이것은 죄 문제를 논할 때마다 우리가 인정할 수밖에 없는 사실입니다.

하나님의 자녀는 같은 죄를 반복하지 말아야 한다

우리는 어쩌다 죄를 지을 수는 있지만 습관적으로 그 죄를 반복하며 살아서는 안됩니다. 가끔 보면 믿음 좋고 신앙 생활을 오래 한 분들은 한 가지 위험한 버릇을 가지고 있는 것 같습니다. 그것은 죄를 범할 때마다 다음과 같은 여러 가지 구실을 가지고 자기 행위를 은근히 합리화시키려 하는 것입니다. 그들이 이야기하는 구실은 거의가 성경에서 찾아낸 것들입니다. 그들은 말씀을 자기 편하게 해석하고 있습니다. "사람치고 죄 안 짓는 사람이 어디 있느냐"며 죄를 보편화시키거나, "육신이 약하기 때문에 어쩔 수 없다"고 핑계를 댑니다.

또 "구원은 행위가 아니라 믿음으로 받는다"는 말씀을(엡 2:8~9) 내세우며 자신의 죄를 은폐하려 하거나 "온 세상이 악한데 어떻게 혼자서 거룩할 수 있는가"라며 모든 것을 악한 세상 탓으로 돌립니다. 더 나아가서는 "죄가 더한 곳에 은혜가 넘친다"는 말씀을(롬 5:20) 주장하면서 그 죄를 통해 하나님이 더 큰 은혜를 주실 것이라는 터무니없는 기대를 한다거나 "일곱 번씩 일흔 번이라도 용서하라"는 말씀을(마 18:22) 아전인수격으로 해석하여 다시 죄를 범해도 회개만 하면 얼마든지 용서받을 수 있다고 가볍게 생각하는 것입니다.

물론 이같은 생각들이 반드시 틀렸다고 할 수는 없습니다. 그러나 하나님의 말씀을 가지고 범죄를 합리화하는 도구로 삼는 자는 스스로 심각한 결과를 초래하고 있다는 사실을 알아야 합니다. 그것은 제2, 제3의 죄를 범할 수 있도록 영적으로 무장해제를 시키는 것이나 다름없습니다. 다시 말해서 똑같은 죄를 다시 저지를 수 있게끔 길을 활짝 터놓는 행위라는 말입니다. 이미 죄를 대적할 힘을 잃어 버렸기 때문에 똑같은 죄를 다시 범하게 될 수밖에 없는 것입니다.

그러나 하나님의 자녀는 죄를 습관적으로 반복해서는 안됩니다. "그 안에 거하는 자마다 범죄하지 아니하나니." "하나님께로서 난 자마다 죄를 짓지 아니하나니." '범죄하지 않는다', '죄를 짓지 않는다' 는 단어가 헬라어로는 현재 시제로 표현되고 있음을 주목해야 합니다. 헬라어에서 현재 시제는 연속적이고 습관적인 행위를 가리킵니다. 따라서 이렇게 풀어서 말할 수 있을 것입니다. "예수 안에 거하는 사람마다 죄를 짓는 생활에 계속 머물러 있을 수 없다." "하나님에게서 난 사람이라면 똑같은 죄를 반복하며 자신을 더럽히는 생활을 계속할 수 없다."

우리가 죄 가운데 그대로 머물 수 없는 이유는 두 가지입니다. 첫째로는, 우리가 예수 안에 거하는 자들이기 때문입니다(6절). '예수 안에 거한다' 는 말이 무슨 뜻입니까? '예수와 하나가 되었다' 혹은 '예수와 동행한다' 는 말입니다. 우리 입장에서 보면 내 안에 예수를 모시고 산다는 말일 것입니다. 믿음의 분량에 관계없이 우리는 이미 예수와 하나 된 사람입니다. 우리가 예수 안에 있고, 우리 안에 예수가 있습니다. 예수는 포도나무요, 우리는 가지입니다(요 15:5). 우리가 그와 한몸이라는 것입니다. 그러나 그러기 위해서는 우리가 반드시 그와 동질성을 가져야 합니다.

예수님은 죄가 없으신 분입니다(요일 3:5~8). 그러므로 그와 하나가 되려면 우리에게 죄가 없어야 합니다. 예수님이 십자가의 붉은 피로 우리의 과거, 현재, 미래의 죄들을 깨끗이 씻어 주신 것은 우리로 하여금 그와 동질성을 갖게 하기 위해서였습니다. 주님은 우리를 죄 짓게 하려고 끊임없이 유혹하는 마귀를 멸하고 승리하셨습니다. 우리를 그의 손아귀에서 해방시켜 주신 것입니다. 그러므로 이제 마귀는 더 이상 우리를 자기 수중으로 끌고 갈 수 없습니다. 예수님이 우리의 죄를 다 제거하시고 우리를 하나님의 자녀로 인정해 주셨기 때문입니다. 그러므로 우리는 다시금 죄 짓는 생활을 반복하는 사람이 되어서는 안됩니다. 예수와 동거하는 비결이 바로 여기에 있습니다.

좋은 예는 아니지만, 남편이 어쩌다 외박을 하고 새벽에 들어왔다고 합시다. 부인이 반갑게 맞이할까요? 아마도 화가 나서 말도 하지 않는 냉전이 며칠이고 계속될 것입니다. 그러다가 남편이 잘못을 시인하고 행동을 고치면 부부 사이는 다시 원상으로 회복될 수 있습니다. 그러나 남편이 그 후로도 자주 외박을 한다면 부인이 그 남편과 동거할 수 있겠습니까? 그들은 같은 집에 살면서도 아예 별거를 하게 될지도 모릅니다.

예수 안에 거하는 하나님의 자녀들 역시 마찬가지입니다. 우리가 어쩌다가 죄를 범하게 되면 주님 앞에 나아가 잘못을 회개합니다. 그러면 주님은 우리를 용서해 주시고 십자가의 피로 깨끗이 씻어 주십니다. 그러나 우리가 죄 사함을 받은 후에도 세상에서 습관적으로 같은 죄를 반복하며 산다고 생각해 보십시오. 그때에도 예수 안에 거한다고 할 수 있겠습니까? 없습니다. 우리가 죄 없는 예수님과 동질성을 유지하려면 절대 죄에 머물러서는 안됩니다.

둘째로는, 우리가 하나님의 씨를 가진 자들이기 때문입니다(9절). 예수 믿는 사람은 누구나 하나님이 낳은 새로운 존재입니다. 어머니 태 속에 있는 아주 작은 생명의 씨앗은 시간이 지남에 따라서 점점 형체를 갖추기 시작하여 10개월 후에는 하나의 인격으로 태어납니다. 이와 마찬가지로 우리 안에 심긴 하나님의 씨도 점점 자라서 우리를 하나님 닮은 사람으로 다시 태어나게 만듭니다. 우리가 죄를 혐오하는 것도 죄를 미워하시는 하나님의 자녀이기 때문입니다.

아직도 같은 죄를 거듭해서 범하고 있는 분이 계시다면 스스로를 심각하게 돌아보셔야 합니다. 왜냐하면 같은 죄를 반복하는 자는 마귀에게 속한 자이기 때문입니다(요일 3:8). 다시 말해서 그 속에 마귀의 씨가 있다는 말입니다. 마귀의 씨를 가진 자는 자기만 죄짓는 것이 아니라 남도 죄짓게 만드는 마귀를 닮을 수밖에 없습니다. 그런 사람은 죄짓는 것을 예사로이 생각합니다. 교회 다니는 사람들 중에도 마귀의 씨를 갖고 있는 사람이 더러 있습니다. 입으로는 "주여! 주여!" 외치면서도 습관적으로 죄를 범하는 사람들이 바로 그들입니다.

어떻습니까? 같은 죄를 몇 번이고 반복하면서도 마음에 전혀 고통이 느껴지지 않습니까? 그렇다면 당신 안에 있는 씨는 하나님의 씨가 아닐지도 모릅니다.

우리 선조들은 지체가 높은 집안일수록 혈통을 중시해 왔습니다. 저는 얼마 전에 신문에서 조선 시대 역대 임금의 언행을 기록한 「일성록」의 일부가 도절(刀切)되었음이 밝혀졌다는 기사를 읽은 적이 있습니다. 이태진 교수는 그 이유를 이렇게 추리했습니다. "대원군이 왕이 된 자기 아들 고종의 혈통에 천한 궁녀의 피가 흐르고 있다는 사실을 은폐하기 위해 해당 부분을 몰래 잘라내 버렸다"는 것입니다. 온 천하가 다 아는 사실임에도 그것이 역사적인 기록으로 남는 것을 수치라고 생각했던 것입니다.

세상의 하찮은 혈통도 이렇게 중요하게 여기는데 하물며 하나님의 혈통을 이어받은 우리가 어떻게 마귀의 피를 섞을 수 있겠습니까? 하나님의 씨는 죽은 씨가 아닙니다. 가장 깊은 곳에서부터 우리의 인격을 변화시키고 치료하는 살아 있는 씨앗입니다. 아버지 되신 하나님을 닮게 만드는 능력의 씨앗입니다. 그러므로 이 씨를 가진 자는 아버지의 거룩함과 같이 거룩하게 되고, 아버지가 죄를 미워하심같이 죄를 미워하게 되는 것입니다.

당신은 하나님의 씨를 가진 사람입니까? 아니면 마귀의 씨를 가진 자입니까? 다소 역설적이기는 하지만 이것을 시험하는 방법이 두 가지 있습니다. 하나는 죄를 지었을 때 자신이 어떠한 반응을 나타내는지 점검하는 것입니다. 또 하나는 죄짓는 생활을 몇 달이고 반복해 보는 것입니다. 하나님의 씨를 가진 사람은 아주 작은 죄를 지어도 괴로워서 못견뎌 합니다. 그래서 어쩌다 죄를 지으면 즉시 십자가 앞에 나아가 회개하여 깨끗함을 얻습니다. 그러나 마귀의 씨를 가진 사람은 죄 속으로 점점 더 깊이 빠져 들어갑니다. 같은 죄를 지어도 하나님의 씨를 가진 사람과 마귀의 씨를 가진 사람이 나타내 보이는 자세는 본질적으로 다른 것입니다.

로이드 존스는 하나님으로부터 난 사람의 범죄와 그렇지 않은 사람의 범죄가 어떻게 다른지를 설명하기 위해 이런 예화를 들었습니다.

두 사람이 산을 오르고 있습니다. 한 사람은 산의 초입에서 발을 헛디뎌 넘어졌습니다. 또 한 사람은 정상을 바로 눈앞에 두고 넘어졌습니다. 넘어졌다는 점에서는 두 사람이 똑같지만, 그 다음에 따라오는 반응은 전혀 다를 수 있습니다.

산의 초입에서 넘어진 사람은 계속해서 산을 오를 생각을 단념하여 버립니다. 하나님의 씨를 가지지 않은 사람이 죄를 범하면 그는 그 자리에 주저앉아 같은 죄를 반복합니다. 나중에는 그 죄를 즐기면서 은근히 자기 태도를 합리화시키려 합니다.

한편 산을 오르다 정상 가까이에서 넘어진 사람은 절대로 포기하지 않을 것입니다. 털고 일어나 다시 전진할 것입니다. 마찬가지로 하나님의 씨를 가진 사람은 어쩌다 죄를 범하면 그 자리에 그대로 주저앉지 않습니다. 회개하고 그 죄를 털어 버립니다. 그리고 엉금엉금 기어서라도 정상을 향해서 전진합니다.

하나님의 자녀는 죄를 철저히 회개해야 한다

하나님의 자녀는 죄에 대해서 철저하게 회개해야 합니다. 2장 1절을 보십시오. "나의 자녀들아 내가 이것을 너희에게 씀은 너희로 죄를 범치 않게 하려 함이라 만일 누가 죄를 범하면 아버지 앞에서 우리에게 대언자가 있으니 곧 의로우신 예수 그리스도시라." 우리가 이러저러한 이유로 죄를 범하면 하나님 앞에서 우리를 위해서 대언해 주실 예수 그리스도가 계십니다. 그러므로 우리는 대언자 되신 예수님께 우리의 죄를 낱낱이 자백해야 합니다. 그럴 때 깨끗함을 입게 될 것입니다. 요한일서 1장 9에서 하나님은 분명히 이렇게 약속하셨습니다. "만일 우리가 우리 죄를 자백하면 저는 미쁘시고 의로우사 우리 죄를 사하시며 모든 불의에서 우리를 깨끗게 하실 것이요."

본 회퍼는 이렇게 말했습니다. "참다운 사회는 회개를 통해서만 성립된다. 죄는 한 개인을 외톨이로 만든다. 고립된 인간일수록 점점 더 파괴적인 죄 가운데로 깊이 빠져 들게 되고, 그러면 그럴수록 그는 점점 더 고립

되어 가는 것이다. 이러한 파괴와 고립의 악순환 속에서 한 인간은 멸망되어 간다. 여기에서 헤어 나올 길은 오직 회개뿐이다. 속에 숨겨진 것을 다 털어 내는 것, 이것이 바로 회개이다."

오늘날 죄가 사람들을 얼마나 비참하게 파멸시키고 있습니까? 그들을 얼마나 고립시켜 버렸습니까? 이것은 예수 믿는 우리에게도 동일하게 적용되는 진리입니다. 죄는 우리를 영적으로 파괴하고 고립시킵니다. 하나님으로부터 고립시키고, 형제와 이웃들로부터 고립시킵니다. 더 나아가서는 모든 것을 잃어버리게 만드는 기가 막힌 비극을 부를 수도 있습니다. 인간에게는 자기의 잘못과 부끄러운 죄를 숨기고 싶어하는 경향이 있습니다. 물론 일시적으로 죄를 숨기는 데 성공할 수 있습니다. 그러나 하나님의 불꽃 같은 눈앞에 드러나지 않을 비밀이란 존재하지 않는다는 것을 기억해야 합니다. 하나님이 우리의 죄를 폭로하시기 전에 우리가 먼저 하나님 앞에 나아가 회개하는 것이 지혜로운 길일 것입니다.

무디는 "회개란 꽃병 속에 넣은 주먹과 같다"고 했습니다. 꽃병의 주둥이는 좁기 때문에 손바닥을 펴면 병에서 손을 뺄 수가 없습니다. 만약 병 속에 들어 있는 금화가 욕심이 나서 그것을 움켜쥐었다고 해봅시다. 그 손을 빼낼 수 있겠습니까? 어림도 없습니다. 쥐었던 것을 놓지 않고서는 불가능합니다. 회개란 바로 이와 같이 손에 쥔 것을 놓는 것입니다. 돈과 권력을 쥐었습니까? 미움을 쥐었습니까? 하나님을 사랑하지 않고 세상만 사랑하는 못된 근성을 쥐었습니까? 쥐었던 모든 것을 놓아야 합니다. 그래야만 죄를 버릴 수 있습니다. 하나님께 불쌍히 여김을 얻을 수 있습니다.

잠언 28장 13절을 보십시오. "자기의 죄를 숨기는 자는 형통치 못하나 죄를 자복하고 버리는 자는 불쌍히 여김을 받으리라." 예수 그리스도의 이름을 빌어 하나님께 회개하고 용서를 구하는 일은 하나님의 자녀들에게만 허용된 특권입니다. 예수님이 우리의 영원한 대제사장이 되어 하나님 앞에서 우리를 변호하시는 이상 회개하면 무슨 죄든지 용서받을 수 있습니다. 이 특권을 무시하는 어리석음을 범치 말아야 합니다.

우리는 예수 안에 거하는 하나님의 자녀입니다. 죄를 짓지 말아야 한다는 원칙에도 불구하고 인간이기에 여전히 죄를 지을 가능성을 가지고 있는 존재입니다. 그러나 우리는 죄 가운데 계속 머물러 있어서는 안됩니다. 왜냐하면 우리 안에 하나님의 씨가 있기 때문입니다. 예수와 동거하는 사람은 예수와 동질성을 가져야 합니다.

그 동질성이 무엇입니까? 죄를 짓지 않는 거룩한 삶입니다. 죄를 밥 먹듯이 지으면서 변명을 늘어놓는 그런 사람이 되어서는 안됩니다. 또한 죄를 짓지 않겠다는 의지와 행동만 가져서도 안됩니다. 감정적으로 죄를 미워하기까지 해야 합니다. 설혹 어쩌다 죄를 지었다 하더라도 십자가 앞에 나아가 영혼의 고통을 부여안고 철저히 회개해야 합니다. 같은 죄를 반복하지 않으려고 혼신의 노력을 다해야 합니다. 우리가 하나님의 씨를 가진 그의 자녀이기에 그렇습니다. 죄는 이제 더 이상 하나님의 자녀를 지배하지 못할 것입니다.

종말을 위한 카운트다운

만물의 마지막이 가까웠으니 그러므로 너희는 정신을 차리고 근신하여 기도하라 무엇보다도 열심으로 서로 사랑할지니 사랑은 허다한 죄를 덮느니라 서로 대접하기를 원망 없이 하고 각각 은사를 받은 대로 하나님의 각양 은혜를 맡은 선한 청지기같이 서로 봉사하라 만일 누가 말하려면 하나님의 말씀을 하는 것같이 하고 누가 봉사하려면 하나님의 공급하시는 힘으로 하는 것같이 하라 이는 범사에 예수 그리스도로 말미암아 하나님이 영광을 받으시게 하려 함이니 그에게 영광과 권능이 세세에 무궁토록 있느니라 아멘. 베드로전서 4 : 7~11

만물의 마지막이 가까운 이때, 마귀가 우는 사자같이 삼킬 자를 찾는 이때, 정신을 바짝 차리고 근신하여 기도해야 합니다. 열심으로 사랑해야 합니다. 세상의 허다한 죄를 사랑으로 덮어야 합니다.

베드로전서 4장 7절 이하의 말씀에는 말세를 살아가는 그리스도인의 바른 자세에 대한 교훈이 기록되어 있습니다. 특별히 7절을 중심으로 이 교훈을 함께 생각해 보며 말세를 준비하는 우리의 자세를 새롭게 하고자 합니다. "만물의 마지막이 가까웠으니 그러므로 너희는 정신을 차리고 근신하여 기도하라." 여기에서 우리는 세 개의 중요한 단어를 발견할 수 있습니다. '만물의 마지막' '가까웠으니' '그러므로'가 그것입니다.

종말에 대한 관심-교회의 생명 지표

먼저 '만물의 마지막'에 대하여 생각해 봅시다. 이 말에는 세 가지 진리가 함축되어 있습니다. 예수님의 재림과 역사의 종말, 그리고 개인의 구원과 멸망이 그것입니다. 마지막에 대한 교리는 성경 속을 흐르는 진리의 큰 물줄기 가운데 하나를 이룰 정도로 중요합니다. 특히 신약 성경에는 '마지막 때'에 대한 언급이 300회 이상 나오는데, 이것은 25절마다 한 번의 빈도로 기록된 셈입니다. 그런 점에서 "신약에서 세상 종말에 관한 언급이 전혀 없는 곳은 하나도 없다. 믿음이나 예수의 보혈, 심지어 사랑에 관한 말씀보다 더 많이 나오는 것이 바로 예수님의 재림과 세상의 종말에 관한 교리이다"라는 성경학자 케논 호이트의 말은 매우 타당성이 있다고 봅니다.

그럼에도 불구하고 우리가 세상의 종말에 대해서 말하면 냉소적으로 받아들이는 사람들이 적지 않습니다. 그들은 종말을 순전히 개인의 죽음 정도로만 국한시키거나, 역사적으로 신빙성이 없는 진부한 전설로 간주합니다. 기독교가 이천 년 동안이나 말세를 강조해 왔지만, 아직도 지구는 건재하고 있지 않느냐는 것입니다. 심지어 예수 믿는다고 하는 사람들 중에서도 세상 종말에 관해서 이야기하면 광신자로 몰아부치는 경향이 있습니다. 참으로 한심스러운 일이 아닐 수 없습니다.

그들에게 기독교 이천 년 역사를 돌아보라고 권하고 싶습니다. 종말과 재림에 대한 믿음이 무시되었던 시대치고 교회가 쇠퇴하거나 부패하지 않은 때는 없었습니다. 먼저 초대 교회를 보십시오. 2세기까지 이르는 이 시기는 예수님의 재림과 함께 일어날 세상 종말에 관한 신앙이 크게 고조되었던 시기였습니다. 성도들은 "너희 가운데서 하늘로 올리우신 이 예수는 하늘로 가심을 본 그대로 오시리라"(행 1:11)는 말씀이 당대에 이루어지리라는 것을 의심치 않았습니다. 그들 가운데 일부 과격한 사람들은 눈앞에 임할 그날을 위해 일상 생활을 포기해 버리기까지 했지만, 그럼에도 영적으로 건전했던 대다수 성도들 때문에 기독교는 세속화되거나 병 들지 않은 채 온갖 핍박 속에서도 살아 남을 수 있었습니다.

그러나 콘스탄틴 대제가 즉위한 후 기독교가 자유를 얻어 태평성대를 누리기 시작하면서부터 상황은 완전히 달라졌습니다. 종말론이나 재림 신앙이 사람들의 관심 밖으로 밀려나고 만 것입니다. 그 결과 소위 말하는 기독교의 암흑 시대가 막을 열게 되었습니다. 1,500여 년의 암흑기를 놓고 분명히 말할 수 있는 사실은 예수님의 재림과 세상의 종말에 대한 믿음이 철저히 무시되었던 시대였다는 것입니다.

이러한 역사적 사실이 무엇을 말해 줍니까? 재림과 종말에 대한 믿음이 교회의 생사를 판가름하는 생명지표(生命指標)가 된다는 것입니다. 이것은 크리스천 개인에게도 똑같이 해당되는 진리입니다. 종말에 대해 회의적인 사람치고 정신차려서 신앙 생활 잘해 보려고 하는 경우를 보기가 쉽지 않습니다. 반대로, 건전한 신앙을 가진 사람은 절대 종말에 대해서 회의적이거나 무시하는 태도를 취하지 않습니다.

신자, 불신자를 막론하고 요즘 사람들은 모든 사회 현상에 대해서 '말세'라고 정의 내리는 것에 대해 그다지 거부 반응을 보이지 않는 것 같습니다. 그럼에도 문제는 여전히 남아 있습니다. 모두가 이러한 위기 의식을 가지고 있음에도 불구하고 종말을 대비하는 데 있어서는 너무나 무관심하다는 것입니다. 어떻게 보면 소돔과 고모라 성의 사람들처럼 내일 죽을 테니 오늘 마음껏 먹고 즐기자 하는 사람들이 늘고 있는 것 같습니다. 그러나 우리 그리스도인들은 그들과 같아서는 안됩니다. 그날을 대비하며 살아야 합니다.

종말을 향한 카운트다운

두 번째로, '가까웠으니'라는 말을 살펴봅시다. 인생이나 세상 만사에 끝이 있다는 것은 세상 사람들도 인정하고 있는 사실입니다. 전화기를 들고 116번을 눌러 보십시오. "5초 간격으로 다음 시각은 12시 11분 25초입니다. 다음 시각은 12시 11분 30초입니다"라는 음성을 들을 수 있을 것입니다. 우리는 이것을 단순히 현재 시각을 알려주는 것으로만 들어서는 안됩니다. 언젠가 종말에 이르게 될 인류 역사의 운명을 암시하는 카운트다운으로 들어야 합니다.

이 카운트다운은 오늘도 변함없이 계속되고 있습니다. 하나님은 성경 말씀을 통해 그 사실을 끊임없이 경고하고 계십니다. 로마서 13장 11절을 보십시오. "또한 너희가 이 시기를 알거니와 자다가 깰 때가 벌써 되었으니 이는 이제 우리의 구원이 처음 믿을 때보다 가까웠음이니라." 또 빌립보서 4장 5절은 이렇게 말합니다. "너희 관용을 모든 사람에게 알게 하라 주께서 가까우시니라." 야고보는 심지어 심판자가 이미 문 밖에 서 계신다고까지 말합니다(약 5:8~9).

성령은 우리가 이와 같은 말씀을 읽을 때마다 그날이 얼마 남지 않았다는 사실을 각성시켜 주십니다. 하찮은 개도 주인이 잡아 먹으려고 날을 받아 놓으면 안절부절 못한다고 하지 않습니까? 하물며 하나님의 자녀인 우리가 예수님의 재림이 가까웠다는 사실을 알면서도 개보다 못해서야 되겠습니까? 그날이 가까움을 알수록 더욱 긴장하고 깨어 준비해야 할 것입니다.

변화하는 세계 정세와 고도로 발전하는 과학을 보아도 인간의 역사가 성경이 예언하고 있는 대파국을 향해 치닫고 있다는 징조가 얼마나 명백합니까? 세계 민족의 97퍼센트가 자기 나라 말로 된 성경을 가지고 있다는 것은 무엇을 의미합니까? 복음이 온 세상에 증거되는 그날, 주님이 오시리라는 약속의 말씀이(마 24:14) 성취될 때가 그만큼 가까웠다는 뜻입니다.

미국 기술 평가국의 연구 결과에 따르면 전면적인 핵 전쟁이 일어났을 경우에 미국 인구의 88퍼센트, 러시아 인구의 50퍼센트가 사멸할 것이며, 다행히 살아 남는다 할지라도 죽은 자를 더 부러워할 만큼 비참한 세상이 될 것이라고 합니다. 최근에 어떤 과학자들은 만약 원자폭탄이 폭발하면 지구 표면의 85퍼센트를 차지하는 바닷물에 들어 있는 수소 원자들이 연쇄 반응을 일으켜서 전세계가 마치 종이를 말아 불을 붙인 것처럼 타버릴 것이라고 경고했습니다. 이 말은 "체질이 뜨거운 불에 풀어지리라"는 베드로후서 3장 10절의 예언을 상기시켜 줍니다. 베드로의 표현과 과학자의 표현이 매우 유사하다는 데 새삼 놀라게 됩니다.

주유소에 가면 '화기 엄금'이라는 팻말이 있지 않습니까? 주유소 마당은 거대한 기름 탱크 위에 콘크리트 포장을 덮은 것에 불과하기 때문에 조금만 부주의하면 순식간에 불바다가 될 수 있는 곳입니다. 어떤 정신 이상자가 한밤중에 기름 탱크의 뚜껑을 열고 라이터 불을 던져 넣었다고 가정해 보십시오. 불이 주유소를 완전히 살라 버리지 않겠습니까? 우리가 사는 세상은 주유소와 다를 바 없는 곳입니다. 윌친스키는 "내일이라도 한 걸음만 잘못 디디면 지평선에서 버섯 구름이 피어오르는 것을 보게 될지도 모른다"고 경고했습니다. 세상에서 이러한 위험에서 자유로울 수 있는 사람은 아무도 없습니다.

그러므로 우리가 세상 종말이 가까웠다고 말하는 것은 광신자이기 때문이 아닙니다. 그것은 성령이 우리에게 주시는 내적인 증거요, 성경을 묵상하면서 얻은 결론이요, 우주에 대한 과학자들의 연구 결과를 통해서 알게 된 지식입니다. 세상에서 '마지막'이라는 말을 좋아하는 사람은 아무도 없습니다. 병원에서 의사가 "이것이 마지막으로 시도해 보는 수술입니다"라고 말한다면 그 어느 누구라도 유쾌하게 받아들이지 못하는 것은 당연합니다. 그러나 주님이 성경을 통해 들려주시는 경고는 의사가 '마지막'이라고 선언하는 것과는 비교도 안될 정도로 심각한 것입니다.

그러나 신앙의 눈으로 종말을 바라보면 종말은 마지막이 아니라 새로운 세계의 시작이라는 사실을 확인하게 됩니다. 멸망이 아니라 구원이요, 소멸이 아니라 영생이며, 불행이 아니라 영광임을 알 수 있습니다. 우리는 예수 믿고 죄 사함을 받아 영생을 소유한 하나님의 거룩한 백성들입니다. 그러기에 오늘 당장 주님이 오신다 해도 우리는 그분을 기쁨으로 맞이할 수 있습니다. 자다가 이 세상을 떠나게 된다 해도 주님이 인도하시리라는 확신이 있기 때문에 두렵지 않은 것입니다.

우선권이 달라져야 한다

마지막으로 '그러므로'에 대해서 생각해 봅시다. 이 짧은 한마디에 매우 중요한 진리가 들어 있습니다. "만물의 마지막이 가까웠으니, 그러므로 너희는 정신을 차리고 근신하여 기도하라. 열심으로 사랑하라. 은사를 받은 청지기답게 서로 봉사하라"고 했습니다. 그러면 여기에서 '그러므로'가 의미하는 바는 무엇일까요? 저는 이것을 '마지막 때에 우선순위를 결단하는 마음의 태도'라고 정의하고 싶습니다.

누구나 자기의 마지막이 가까운 줄 알면 우선순위가 평소와는 달라지는 것을 볼 수 있습니다. 예수님은 십자가의 죽음이 자신의 목전에 가까이 온 것을 아시고는 제자들을 끝까지 사랑하시는 것을 최고의 우선순위로 삼았습니다(요 13:1). 히스기야가 피부암에 걸려 죽게 되었을 때 하나님은 그에게 "네 집을 정돈하라"(왕하 20:1)고 지시하셨습니다. 마지막이 가까운 그에게는 그 일이 가장 중요했던 것입니다. 세계적인 기독교 자선가 피어슨 박사는 암에 걸려 여생이 얼마 남지 않은 것을 알고는 하나님 앞에서 자신의 평생을 되돌아보는 회고록을 쓰는 일에 우선순위를 두었다고 합니다. 의사에게서 사형 선고를 받은 어느 미혼 여성은 기력이 쇠한 몸을 추스려 죽는 그날까지 무디 선생과 함께 가가호호 방문하면서 복음 전하는 일을 무엇보다 앞세우며 실천하다 죽었다고 합니다. 누구나 죽음 앞에서는 우선권을 달리하는 법입니다.

그러나 우리가 우선순위를 바꾼다고 해서 그것이 일상 생활의 포기를 의미하는 것은 아닙니다. 한 가지 예를 들겠습니다. 안식교의 교주인 윌리암 밀러는 1843년 3월 21일부터 다음해 3월 21일 사이에 예수님이 재림한다는 교리를 가지고 미국 전역을 다니면서 포교하였습니다. 수많은 사람들이 흥분해서 그를 따랐습니다. 그러나 일 년이 다 가도록 예수님은 오시지 않았습니다. 드디어 마지막 날이 되었습니다. 그들은 재림의 기대에 들떠 모두 산으로 올라갔습니다. 그들 중에 어떤 이는 제일 먼저 주님을 맞이하려는 마음에서 나무 위에 올라가 있는가 하면 또 어떤 이는 공중으로 오를 때 좀더 쉽게 오르고자 우산을 쓰고 있었다고 합니다.

그러나 끝내 주님은 오시지 않았습니다. 밀러는 궁여지책으로 예수님의 재림이 10월 22일로 연기되었다고 발표했습니다. 그의 추종자들은 그 말을 믿고 또 기다리기 시작했습니다. 몇 달이 지나 다시 그날이 다가오자 그들은 이제 집단 히스테리 반응을 일으키기 시작했습니다. 상인들은 세상의 마지막 때가 되었는데 이까짓 게 무슨 소용이 있느냐면서 팔던 물건을 손에 잡히는 대로 길에 던져 버렸고, 농부들 역시 추수할 곡식을 베지 않고 논밭에 그대로 방치해 두었습니다. 일상 생활을 포기해 버린 것입니다. 드디어 그날이 왔습니다. 그러나 밀러와 그 추종자들의 기대와는 달리 주님은 결국 오시지 않았습니다.

이 사건이 우리에게 주는 교훈이 무엇입니까? 예수님의 재림이 날로 가까워지는 것은 사실이지만, 날짜가 언제라고 가르친다거나 주님을 맞이하게 한답시고 세상 만사를 다 내버리고 산으로 올라가게 하는 것은 크게 잘못되었다는 것입니다. 성경은 절대로 그렇게 가르치지 않습니다. 데살로니가 교인들은 재림이 가까웠다는 말을 믿고 게으름과 안일주의에 빠져 있다가 바울로부터 "일하기 싫은 자는 먹지도 말라"는 책망을 들었습니다(살후 3:10). 건전한 신앙을 가진 사람이라면 절대 재림을 핑계로 일상 생활을 등한히 하거나 포기하지 않을 것입니다. 하나님은 우리에게 마지막이 가까웠다고 생업을 포기하라고 하지 않으실 뿐 아니라, 가정을 등한히 해서도 안된다고 경고하십니다. 세상 끝 날까지 우리가 맡은 본연의 일에 충실해야 합니다. 설혹 주님이 당장 내일 오신다 해도 우리는 출근 버스 속에서 그분을 맞이해야 하며, 설거지를 하다가 맞이해야 하는 것입니다.

기도하라

그럼에도 말세가 가까워지면 우리가 우선적으로 해야 될 일이 있다는 것은 분명한 사실입니다. '말세지말(末世之末)'이라고 하는 이때에 우리가 제일 먼저 앞세워야 할 일은 기도입니다. 기도가 이처럼 중요한 것은 예수님이 재림하실 때 깨어서 그분을 맞을 수 있는 유일한 수단이기 때문입니다. 7절을 보면 '정신을 차리는 것'과 '근신하는 것'과 '기도하는 것'이 서로 구분된 것 같지만, 많은 학자들은 이것을 기도하기 위해 정신을 차리고 근신해야 한다고 해석합니다. 영적으로 깨어 있는 사람만이 기도할 수 있습니다. 또 그 반대로 기도하는 사람만이 영적으로 깨어 있을 수 있고 세상의 유혹과 사탄의 위협을 이겨낼 수 있습니다. 기도는 친구나 연인과 대화하는 달콤한 전화 통화보다도 더 앞서야 합니다. 아침에 일어나자마자 붙잡는 신문보다 더 우선되어야 합니다. 동창회에 나가 즐거운 시간을 가지는 것보다 더 중요하게 다루어져야 합니다.

열심으로 사랑하라

마지막이 더욱더 가까울수록 무엇보다 열심으로 사랑해야 합니다(8

절). 마태복음 24장 12절을 보십시오. 말세에는 불법이 성해서 많은 사람의 사랑이 식어질 것이라고 했습니다. 이것은 요즘 날로 악해져 가고 있는 우리 사회를 보아도 분명히 알 수 있는 일이 아닌가 합니다. 사랑이 빙점 이하로 떨어지는 살벌한 세상에서 우리가 작심하고 실천해야 할 일은 '열심으로' 사랑하는 것입니다. 여기서 특별히 '열심으로'라는 말에 주의를 기울일 필요가 있습니다. 이 말은 헬라어로 '엑테네스(ektenes)'라고 하는데, 이것은 말이 근육과 힘줄을 최대한으로 뻗어서 힘껏 달리는 것을 묘사할 때 쓰는 표현입니다.

베드로 사도가 사랑하라고 말하면서 왜 이 말을 덧붙였을까요? 말세가 되면 우리의 정신과 영과 육신을 최대한 희생하지 않으면 작은 사랑도 실천에 옮기기가 어렵다는 것을 암시하기 위해서라고 생각합니다. 다시 말해서 희생적인 노력 없이는 그 어떤 사랑도 할 수 없는 세상이 된다는 것입니다. 말세에는 엄청난 죄악들이 지구상에 만연할 것입니다. 세상이 온통 양심도, 도덕성도 없는 인간들로 가득 차게 되어 친구가 친구를 배신하고, 부부가 서로 돌아서고, 심지어는 자식이 아비를 죽이는 자의 손에 넘기는 비참한 일들이 도처에서 일어날 것입니다.

그러나 사랑은 이 모든 허다한 죄를 덮을 수 있는 능력이 있습니다(벧전 4:8). 이 말을 오해해서는 안됩니다. 허다한 죄를 덮는다고 해서 형제가 무슨 악한 짓을 해도 눈감아준다는 말이 아닙니다. 그리스도의 사랑으로 그를 용서하라는 말입니다. 이 사랑이 없다면 우리는 세상 사람들과 다를 바 없는 존재가 되고 말 것입니다.

서로 봉사하라

봉사해야 합니다. 이것은 섬김과 헌신을 의미합니다. 예수님이 재림하실 때 우리가 아름다운 몸매를 가지고 있다는 것이 무슨 소용이 있습니까? 세상에서 누리고 있던 명성이나 인기가 무슨 의미가 있으며, 은행에 저축해 놓은 돈이나 여기저기에 사 놓은 땅이 무슨 의미가 있겠습니까? 세상 종말이 오면 우리는 모두 흙으로 돌아가야 할 존재들입니다. 그러므로 의식 있는 사람이라면 이 모든 것을 가치 있는 일에 쓰려고 할 것입니다. 자신이 가지고 있는 재능을 주님을 위해 사용하고 싶은 열정이 생길 것입니다. 재물을 좀더 선하게 사용하려는 강한 의욕을 느끼게 될 것입니다.

이것이 마지막 때가 가까운 것을 아는 사람들이 받는 은혜입니다. 심판석에 앉아 계시는 예수님을 만나려고 할 때 우리가 이 세상에서 주의 이름으로 봉사하면서 바친 우리의 몸과 시간, 재능, 은사, 물질, 생명말고 무엇을 들고 그분 앞으로 나갈 수 있겠습니까?

바울은 "항상 주의 일에 더욱 힘쓰는 자들이 되라 이는 너희 수고가 주 안에서 헛되지 않은 줄을 앎이니라"(고전 15:58)고 했습니다. 마지막이 가까울수록 주의 일에 더욱 힘쓰는 자들이 되어야 합니다. 그렇다고 해서 날마다 교회에 와서 살라는 말이 아닙니다. 10절을 봅시다. "하나님의 각양 은혜를 맡은 청지기같이 서로 봉사하라." 여기에서 서로는 가족일 수도 있고, 교우이거나 안 믿는 이웃일 수도 있습니다. 그러나 그 어떤 경우든지 믿음으로 봉사하는 것이라면 곧 주의 일인 것입니다.

어떤 소녀 가장이 불치병에 걸려 임종을 앞두고 있었습니다. 여덟 살에 어머니를 여읜 후 갖은 고생을 하며 네 명의 동생을 돌봐 온 그녀는 인생의 쓴맛만 본 소녀였습니다. 어떤 믿음 좋은 부인이 찾아가서 그를 위로하며 "죽는 것이 두렵냐"고 물었습니다. 소녀는 고개를 설레설레 저으며 "아니요, 죽는 것은 두렵지 않은데 한 가지 걱정이 있어요. 여태까지 손발이 부르트도록 애쓰며 지치도록 살아왔지만, 제가 주님 앞에 설 때 그분이 날 위해 무엇을 했느냐고 물으시면 전 대답할 말이 하나도 없어요"라고 말했습니다. 그러자 그 부인은 소녀의 손을 잡고 "아니예요. 예수님 만나면 동생들 뒷바라지하느라고 부르트고 못이 박힌 그 손을 보여 드리세요. 그러면 주님께서 분명히 작은 일에 충성한 착한 종이라고 칭찬하실 거예요"라고 대답해 주었답니다. 그 말을 들은 소녀는 마음에 큰 위안을 받고 영원한 안식에 들어갔다고 합니다.

마지막 때가 가깝습니다. 하나님께 받은 달란트는 무엇입니까? 주님을 위해 사용합시다. 이웃의 가난한 사람들을 위해서 사용합시다. 여러분이 하고 있는 일이 바로 주님의 이름으로 봉사하는 천국의 일이라는 확신이 들면 그 일에 우선권을 두십시오. 만물의 마지막이 가까운 이때, 마귀가 우는 사자같이 삼킬 자를 찾는 이때, 정신을 바짝 차리고 근신하여 기도해야 합니다. 열심으로 사랑해야 합니다. 세상의 허다한 죄를 사랑으로 덮어야 합니다. 받은 은사를 따라 청지기로서 열심히 봉사해야 합니다. 그리하면 주님이 오실 그때에 부끄러움을 당하지 않을 것입니다.

하나님의 은혜는
실패하는 법이 없습니다

나는 사도 중에 지극히 작은 자라 내가 하나님의 교회를 핍박하였으므로 사도라 칭함을 받기에 감당치 못할 자로라 그러나 나의 나 된 것은 하나님의 은혜로 된 것이니 내게 주신 그의 은혜가 헛되지 아니하여 내가 모든 사도보다 더 많이 수고하였으나 내가 아니요 오직 나와 함께하신 하나님의 은혜로라. 고린도전서 15 : 9~10

우리가 누리고 있는 건강, 몸담고 있는 가정, 그리고 생업을 돌아보아도 하나님은 우리를 우리 이상으로 대우하셨지 결코 그 이하로 대우하지 않으셨다는 것을 알 수 있습니다. 나 이상의 삶을 사는 것, 이것이 바로 '그러나'의 파격적인 은혜입니다.

한 생을 살면서 사람은 자신이 지나온 날을 회고할 수 있는 여러 번의 기회를 갖게 됩니다. 아마 이 점이 동물과 다른 인간다움의 일면이 아닌가 합니다. 그 가운데 하나가 생일입니다. 더욱이 오십 세를 넘긴 분들이 맞는 생일의 의미는 젊은이들의 생일과는 본질적으로 다를 수밖에 없습니다. 그것은 지나온 기나긴 날들을 되돌아보고, 앞날을 진지하게 내다보는 계기가 되어 줍니다. 또 하나, 해마다 맞이하는 연말연시 역시 자연스럽게 우리의 삶에 대한 반성과 평가, 그리고 계획의 지평이 되어 줍니다.

'그러나'의 은혜

고린도전서를 기록할 당시 바울의 나이는 40대 중반을 조금 넘었을 것이라는 추측이 일반적입니다. 그는 지금 예수 그리스도를 다메섹 도상에서 만난 이후의 10여 년 세월을 회상하고 있습니다. "그러나 나의 나 된 것은 하나님의 은혜로 된 것이니." 이 말씀에는 "나는 하나님의 은혜로 오늘의 내가 되었다"에서부터 "오늘의 내가 있게 된 것은 하나님의 은혜였다." 그리고 "하나님의 은혜가 아니었다면 지금의 나는 존재할 수 없었을 것이다"라는 강한 의미까지 포함되어 있습니다.

본문에서 바울이 특별히 강조하는 것은 '은혜' 입니다. 우리가 잘 아는 바와 같이 은혜는 하나님이 아무 조건 없이 일방적으로 주시는 선물입니다. 은혜는 기독교의 대명사로서 복음의 가장 두드러진 특성이라고 할 수 있습니다. 이런 의미에서 기독교를 '은혜의 종교' 라고 부르는 것입니다.

사실 우리가 하나님의 자녀로 구원받은 것은 기적과 같은 일이 아닐 수 없습니다. 예수를 믿고 싶어서 애를 쓰는데도 결국 믿지 못하고 세상을 떠나는 사람들이 우리 주변에 얼마나 많습니까? 그들에 비해서 우리가 하나님의 사랑을 받게 된 것은 그 무엇으로도 설명할 수 없는 수수께끼입니다. 하나님께서 아무 공로도 없는 우리에게 영원히 사는 축복을 주시려고 천국에 들어갈 수 있는 통행권(free pass) 을 주신 것, 이것이 바로 은혜입니다. 바울은 로마서 5장 17절에서 이런 자들을 일컬어 "은혜와 의의 선물을 넘치게 받은 자들"이라고 했습니다. 누구 때문입니까? 예수 그리스도 때문입니다.

그러나 본문을 통해 바울이 말하는 하나님의 은혜는 그가 받은 구원의 은혜와 더불어 구원받은 자신의 삶을 통해서 체험한 은혜도 포함되어 있습니다. 저는 그것을 '그러나의 은혜'라고 부르고 싶습니다. 왜냐하면 9절과 10절을 연결하는 '그러나' 라는 접속사가 바울 자신이 받은 은혜의 색깔을 선명하게 해주고 있기 때문입니다. 한번 보십시오. 9절에서 그가 무엇이라고 말합니까? "나는 사도 중에 지극히 작은 자라 내가 하나님의 교회를 핍박하였으므로 사도라 칭함을 받기에 감당치 못할 자로라." 여기에서 자신을 가리켜 말한 사도 중의 지극히 작은 자라는 바울의 인식은 정확합니다. 바울은 항상 자신에 대하여 사도 중의 말째라는 의식을 갖고 있었습니다.

베드로, 요한과 비교하면 그가 자신을 과장하거나 겸손하게 보이려고 일부러 꾸며서 한 말이 아니라는 것을 금방 알 수 있습니다. 베드로와 요한이 비록 학식은 없었다고 하지만 그들은 예수님으로부터 직접 부름을 받아 3년 동안 그 곁을 떠난 적이 없었고, 예수님이 십자가에서 운명하시는 모습을 지켜본 사람들입니다. 또한 부활하신 주님과 함께 사십 일 동안 음식을 나누면서 하나님 나라를 이야기했을 뿐만 아니라, 주님이 승천하시는 모습을 실제로 본 사도 중의 사도들이었습니다. 그에 비해 바울은 다메섹 도상에서 부활하신 주님을 만난 것 외에는 예수님을 따라다닌 적도, 예수님께 배운 적도, 주님의 십자가를 본 적도 없는 사람이었습니다.

또 바울은 "내가 하나님의 교회를 핍박하였다"고 말합니다. 그가 고백한 대로 그는 믿는 자들을 옥에 가두고 고문하였을 뿐만 아니라 예수를 모독하는 말을 시켰으며, 심지어 그들을 죽이기까지 한 무서운 핍박자였습니다. 그러므로 이 모든 일을 염두에 두고 생각하면 바울의 자격지심은 어쩌면 당연한 것이라 할 수 있습니다. 그의 전과만 보아도 그는 사도라는 영광스러운 직분을 받을 만한 인물이 전혀 아니라는 것을 알 수 있습니다.

그럼에도 불구하고 10절이 무슨 말로 이어집니까? '그러나' 입니다. "그러나 나의 나 된 것은 하나님의 은혜로 된 것이니 내게 주신 그의 은혜가 헛되지 아니하여 내가 모든 사도보다 더 많이 수고하였으나 내가 아니요 오직 나와 함께하신 하나님의 은혜로라." 즉 바울은 자신이 죄가 많아서 사도가 될 자격이 없으며, 감히 사도의 일을 할 수 없다고 생각하는데, 하나님은 아무것도 문제로 삼지 않고 그를 사도로 세우셨다는 말입니다. 이와 같은 하나님의 파격적인 대우가 '그러나의 은혜' 입니다.

은혜에 빚진 마음

우리는 바울의 고백을 두 가지 측면에서 정리해 볼 수 있습니다. 첫째로, 이와 같은 하나님의 파격적인 은혜야말로 오늘의 그를 형성한 바탕이 되었다는 사실입니다. 인간의 연약과 잘못을 불문에 붙이며 불쌍히 여기시는 하나님의 은혜가 아니었다면 지금의 자기가 어떻게 사도로 쓰임받을 수 있었겠느냐는 그의 고백에서 우리는 바울의 심정에 좀더 접근해 볼 필요를 느낍니다.

그에게 죄책감이 남아 있었던 것일까요? 그럴 수도 있습니다. 비록 주님 앞에 모두 용서받았지만, 예수님을 핍박하고 사람들까지 죽였던 기억이 완전히 사라지지는 않았을 것입니다. 그러나 로마서를 위시하여 그가 기록한 성경들을 모두 검토해 보면, 말로 다할 수 없는 사죄의 은총을 체험한 그가 죄책감에 짓눌려 있었다고 보기는 어렵습니다. 그렇다면 열등감이었을까요? 물론 그런 감정도 없지는 않았을 것입니다. 그러나 예수 그리스도 안에서 능치 못할 것이 없다고 큰소리쳤던 바울이 열등감 따위에 끌려 다녔다고는 생각되지 않습니다.

그렇다면 무엇으로 '그러나'라고 외치는 바울의 심정을 설명할 수 있겠습니까? 그것은 악하고 미천한 자기를 사도로 불러 주신 하나님의 은혜에 압도당한 감격을 주체하지 못하는 마음, 곧 은혜에 크게 빚진 자의 마음이었습니다. 그는 '이 많은 사람 가운데 어떻게 나 같은 자를 하나님께서 복음의 증인으로 삼으시고 이방인의 사도로 세우셨을까?'라고 생각할 때마다 감격하지 않을 수 없었던 것입니다.

오늘을 사는 우리에게도 하나님의 은혜에 빚진 마음이 숨쉬고 있어야 합니다. 우리 역시 바울처럼 하나님 앞에 전과가 있기 때문입니다. 하나님께 대하여 흠 없이 완전한 사람이 있을까요? 우리 대부분은 예수를 믿기 전에 무슨 방법으로든 그리스도인을 핍박한 경험을 가지고 있습니다. 때로는 하늘 꼭대기까지 교만해져서 하나님을 향해 주먹을 흔들어 보이기도 했습니다. 뿐만 아니라 예수님을 믿은 다음에도 이런 죄 저런 죄를 지으면서 성령을 근심시키고 하나님의 명령에 불순종한 과거를 가지고 있습니다. 그럼에도 불구하고 하나님은 우리의 연약함을 탓하지 않으시고, 죄도 죄대로 갚지 않으셨습니다. 우리의 못남을 있는 그대로 다루지 않으셨습니다.

만약 하나님께서 이 모든 것을 따지기를 원하셨다면 오늘의 우리가 되지는 못했을 것입니다. 현재 우리가 누리고 있는 건강, 몸담고 있는 가정, 그리고 생업을 돌아보아도 하나님은 우리를 우리 이상으로 대우하셨지 결코 그 이하로 대우하지 않으셨다는 것을 알 수 있습니다. 나 이상의 삶을 사는 것, 이것이 바로 '그러나'의 파격적인 은혜입니다. 바울이 받았던 그 놀라운 은혜인 것입니다.

우리는 자신도 모르게 현대 문명의 속성인 과학주의 사고에 물들어 있습니다. 무슨 일에나 그럴듯한 이유를 둘러대기 잘한다는 말입니다. 우리나라의 1년 간 자동차 사고 발생 건수는 어마어마합니다. 그 와중에 내가 아무 사고 없이 1년을 보낸 것은 사실 기적이라고 할 수 있습니다. 그런데 합리주의적인 사람은 어떻게 생각하는지 아십니까? 그들은 무사고의 원인이 자신의 능숙한 운전 때문이라고 믿습니다. "나는 운전 경험도 많고 방어 운전도 조심해서 하기 때문에 갑자기 튀어나오는 사람도 피할 수가 있다. 또한 절대로 음주 운전을 하지 않기 때문에 사고를 내지 않는 거야" 라고 말입니다.

건강에 대해서도 비슷한 말을 잘합니다. "내가 이만큼 건강한 것은 규칙적인 생활을 할 뿐 아니라 음식도 골고루 먹고 과식하지 않으며, 일주일에 한 번은 맑은 공기를 마시러 산에 다녀오기 때문이다." 또 이런 경우는 어떻습니까? "우리 할아버지가 과거에 밭뙈기 하나 있는 것을 팔아서 교회에 헌금했다는 소리를 들었다. 내가 이만큼 남부끄럽지 않게 살고, 자식들을 제대로 키우게 된 것은 그 복을 자손인 내가 받고 있기 때문이다."

이상과 같은 말들은 인과응보의 원칙을 염두에 두고 하는 합리주의적인 사고 방식입니다. 전적으로 잘못되었다고 할 수는 없지만, 잘된 것은 무엇이나 자신의 공로로 돌리고 있다는 점에서는 위험한 요소를 담고 있다고 해야 할 것입니다. 이런 생각은 마치 한두 살 먹은 어린애가 "내가 우유도 잘 먹고, 오줌과 똥도 잘 누고, 잠도 잘 자니까 이렇게 건강한 거야" 하고 으시대는 것과 비슷합니다. 얼마나 가소롭습니까? 하물며 온 우주를 창조하신 하나님, 우주를 보존하고 지키는 능력을 가지신 하나님, 생사를 주관하시는 하나님이 보실 때 얼마나 가관이라고 생각하시겠습니까?

이 어린애의 말처럼 규칙적으로 잘 먹고 소화를 잘 시켜야 건강하게 자라는 것은 사실이지만, 생리적인 활동이 아이를 성장시키는 전부는 아니지 않습니까? 이와 같은 생각들은 은혜를 거부하는 공로주의에 속합니다. 은혜란 조건 없이, 공로 없이 받아서 누리는 축복인데, 자기 공로를 앞세운다는 것은 모든 복을 은혜로 보지 않고 보상으로 보는 것이 됩니다.

스톰스(Storms) 박사가 은혜에 대하여 이런 말을 했습니다. "은혜란 당신의 공로로 얻을 수 있는 것도 아니요, 당신의 무공로로 잃어버릴 수 있는 것도 아니다. 만일 우리의 선함과 자랑할 만한 것을 따라서 하나님이 주신 것이라면 그것이 건강이든, 장수든, 부귀든 간에 은혜일 수 없다. 또한 우리의 악하고 부끄러운 것을 따라서 주시지 않는 것이라면 그것 역시 은혜일 수 없다. 은혜는 우리의 잘잘못을 따지지 않고 주시는 선물이다. 이 놀라운 은혜 주심을 감사해야 한다."

그렇습니다. 나의 나 된 것은 하나님이 무조건 주신 파격적인 은혜로 된 것이지 내 노력, 내 선함과 의로움 때문이 아니라는 사실을 알아야 합니다.

주를 위해 더 많이 수고하게 하신 하나님의 은혜

바울은 하나님의 파격적인 은혜가 있었기에 주를 위해 더 많이 수고할 수 있었다고 고백합니다. 10절을 다시 볼까요? "그러나 나의 나 된 것은 하나님의 은혜로 된 것이니 내게 주신 그의 은혜가 헛되지 아니하여 내가 모든 사도보다 더 많이 수고하였으나 내가 아니요 오직 나와 함께하신 하나님의 은혜로라." 바울은 예수님을 알고나서부터 전력을 다해 주님을 위해서 일한 사람입니다. 마치 하루 종일 일거리를 찾지 못한 어느 일꾼이 오후 5시가 되어서야 마음씨 좋은 포도원 주인을 만나, 하루 일당을 받기로 하고 남은 한 시간 동안 열심히 일을 하게 된 것과 같은 심정이었을 것입니다. 그 일꾼이 감지덕지해서 물불을 가리지 않고 포도원 일을 한 것처럼 바울 역시 너무 감격해서 베드로나 요한보다 더 열심히 일했던 것입니다.

그럼에도 불구하고 바울은 하나님께 충성하게 된 것은 자기의 적극적인 성격 때문이거나 자기의 능력과 학식이 많았기 때문이라고 말하지 않습니다. 그것은 자신을 파격적으로 대우하신 '그러나'의 은혜 때문이라고 말합니다. 바울의 말을 들으면 그가 퍽 겸손한 사람임을 알 수 있습니다.

그는 고린도후서 11장 23절과 12장 10절에서 자신이 "그리스도의 일꾼으로서 수고를 넘치도록 하고 옥에 갇히기도 더 많이 하고 매도 수없이 맞고 여러 번 죽을 뻔하였으니", "내가 그리스도를 위하여 약한 것들과 능욕과 궁핍과 핍박과 곤란을 기뻐하노니"라고 실토합니다. 주님을 위해 이 정도의 헌신을 한 사람이라면 하나님 앞에 떳떳하게 자기 공로를 내세울 만도 한데, 그는 그렇게 하지 않았습니다. 오히려 그는 모든 사도보다 더 많이 수고하였으나, 그 모든 것을 할 수 있었던 것은 "내가 아니요 오직 나와 함께하신 하나님의 은혜로라"고 모든 공로를 하나님께 돌리고 있습니다.

우리 모두 바울처럼 되어야 합니다. 우리는 하나님의 자녀로서 손가락 하나 움직이는 것조차 '그러나'의 은혜로 돌려야 합니다. 우리가 아직 건강하고 힘이 있을 때, 교회에서 하나님 나라를 위해 수고하게 된 것이 얼마나 큰 은혜입니까? 땀 흘려 번 돈을 주님의 나라를 위해서 헌금하는 일로부터 시작하여 가정과 직장, 학원의 복음화를 위해 수고하는 분들이 있습니다.

또한 약한 자와 병든 자 그리고 가난한 자를 찾아가 그리스도의 사랑을 전하거나, 다음 세대를 말씀으로 양육하기 위해 교회의 이 구석, 저 구석에서 수고하는 많은 지체들이 있습니다. 이 아름다운 수고들은 모두가 주님을 섬기는 귀한 일입니다. 세상 사람들을 보십시오. 그들은 평생을 밑 빠진 독에 물 붓듯이 아무것도 남지 않는 허망한 일에 모든 것을 털어 넣고 있습니다. 그러나 우리는 다릅니다. 주님의 이름으로 행하는 작은 일조차 하나님 나라의 곳간에 쌓여지는 알곡이요, 우리의 면류관에 달릴 보석들입니다. 비록 우리가 주님의 영광을 위해서 작은 일에 쓰임받을지라도 그것은 영원히 남습니다. 이 모든 일을 '그러나'의 은혜로 설명하지 않는다면 그 무엇으로 할 수 있겠습니까?

바까스 박사라는 사람이 병원에서 진단을 받았습니다. 의사가 침통하게 말합니다. "박사님, 당신의 생명은 이제 30분밖에 남지 않았습니다." 그러자 그는 불편한 몸을 의자에서 일으키더니 무릎을 꿇고 앉아서 이렇게 기도했다고 합니다. "주님, 이 남은 30분을 아직도 구원받지 못한 사람들을 위해 기도하는 데 바치겠습니다." 그러나 우리는 바까스 박사를 위대하다고 칭찬하기 전에 그가 받은 '그러나'의 은혜를 주목할 수 있어야 합니다. 오죽이나 은혜가 벅차면 그렇게 할 수 있었겠습니까?

어떤 모양이든지 주를 위해서 산다는 것은 값으로 따질 수 없는 은혜입니다. 은혜가 아니면 흉내조차 낼 수 없습니다. 그러나 주를 위해 수고를 많이 하는 자일수록 조심해야 합니다. 자칫하면 내 믿음이 좋아서, 내가 훈련을 잘 받아서, 내가 똑똑해서 이만큼 수고할 수 있었다고 말하기가 쉽습니다. 이것은 은혜를 배척하고 내 공로를 앞세우는 행위입니다. 그러므로 이런 사람은 아무리 주님을 위해서 충성해도 주님이 영광을 받지 못하고 자기가 영광을 받아 버립니다. 우리도 "나와 함께하신 하나님의 은혜 때문에 이만큼 일할 수 있었다"고 고백하는 바울의 감동을 가슴 가득히 소유할 수 있었으면 합니다.

"나의 나 된 것은 하나님의 은혜였다. 그리고 지금까지 내가 주님을 위해서 수고할 수 있었던 것도 하나님의 은혜였다"는 바울의 고백은 하나의 중요한 진리를 내포하고 있습니다. 그것은 오늘의 나 된 것이 하나님의 은혜로 된 것이라면 내일의 나 되는 것도 하나님의 은혜로 될 것이라는 사실입니다.

하나님의 은혜는 실패하지 않는다

하나님의 은혜에는 놀라운 능력이 있습니다. "그러나 나의 나 된 것은 하나님의 은혜로 된 것이니 내게 주신 그의 은혜가 헛되지 아니하여." 여기에서 '헛되지 아니하다' 는 말은 '유효했다' '실패가 없었다' '능력이 있었다' 등의 의미를 가집니다. 성령을 통해서 바울에게 역사한 하나님의 은혜는 얼마나 능력이 있었던지 십 년 혹은 이십 년이 흐른 뒤에도 유효

했습니다.

어느 때는 바울도 과거의 죄를 돌이켜보고 죄책감으로 인해 두려움을 가지기도 했겠지만, 그럴 때일수록 성령은 그로 하여금 십자가에서 돌아가신 예수의 공로를 바라보게 하셨습니다. 그가 병이 났을 때 고쳐 주시고, 선교에 대한 염려와 두려움을 극복할 수 있는 능력을 주셨습니다. 앞길이 보이지 않고 소망이 없을 때에도 성령은 바울에게 오셔서 주님의 음성을 듣게 하셨습니다. 이것이 하나님의 은혜가 바울에게 헛되지 않았다는 증거입니다.

바울이 받은 '그러나'의 은혜는 성령을 통해서 오늘을 사는 우리에게도 그대로 적용됩니다. 성령을 받고 성령의 사람이 되면 어떤 환경에서도 하나님의 은혜는 실패하지 않습니다. 그 파격적인 은혜에 붙들려 있으면 누구나 소망의 사람이 될 수 있습니다. 여러분의 남편을 보십시오. 나이 들어 가면서 직장 생활도 이제 얼마 남지 않았고 건강도 걱정이 됩니다. 사람을 놓고 보면 답답하지만, '그러나'의 은혜를 놓고 보면 남편에게는 소망이 있습니다. 하나님의 은혜가 그에게서 절대로 헛되지 않을 것이기 때문입니다. 그러므로 남편이 믿음의 사람, 성령의 사람이 되도록 부인들은 정성을 다해 도와야 합니다. 그것이야말로 남편이 사는 길이며, 남편의 생이 축복받는 유일한 길입니다.

여러분의 자녀를 보십시오. 예측을 불허하는 치열한 경쟁 사회에서 살아갈 그들의 미래를 생각하면 얼마나 답답합니까? 더욱이 3, 40년 후 우리가 세상 떠난 후를 상상해 보세요. 그러나 하나님의 '그러나'의 은혜로써 우리는 자녀에게 소망을 갖게 됩니다. 그 자녀가 믿음을 갖고 성령의 사람이 되기만 하면, 절대로 헛되지 않을 하나님의 은혜가 그의 장래를 보장할 것을 확신하기 때문입니다.

'그러나'의 은혜를 붙듭시다. 성령을 사모합시다. 우리를 파격적으로 대우해 주실 뿐만 아니라, 평생 동안 그 은혜가 헛되지 않도록 도와 주실 것입니다. 우리 모두가 바울처럼 은혜에 빚진 자의 심정을 가지고 세상을 사는 독특한 천국의 시민임을 한시도 잊지 맙시다.

오늘을 즐겁게 사는 법

빛은 실로 아름다운 것이라 눈으로 해를 보는 것이 즐거운 일이로다 사람이 여러 해를 살면 항상 즐거워할지로다 그러나 캄캄한 날이 많으리니 그날을 생각할지로다 장래 일은 다 헛되도다 청년이여 네 어린 때를 즐거워하며 네 청년의 날을 마음에 기뻐하여 마음에 원하는 길과 네 눈이 보는 대로 좇아 행하라 그러나 하나님이 이 모든 일로 인하여 너를 심판하실 줄 알라 그런즉 근심으로 네 마음에서 떠나게 하며 악으로 네 몸에서 물러가게 하라 어릴 때와 청년의 때가 다 헛되니라. 전도서 11 : 7~10

하나님은 우리가 즐겁게 살기를 원하십니다. 하나님의 사랑을 독차지한 우리들이 날마다 기쁘게 웃으며 사는 것을 보기 원하십니다. 푸른 하늘을 바라보며 즐거워하는 사람이 되기를 원하십니다.

하루하루를 어떤 마음가짐으로 사는 것이 좋을까? 이것은 대단히 중요한 질문입니다. 그러나 대부분의 사람들은 이런 문제를 별로 의식하지 않고 살아가는 것 같습니다. 온종일을 허둥대며 보내다가 밤에 잠자리에 드는 것이 거의 습관처럼 되어 버린 사람들이 많습니다. 하나님은 우리가 어떤 마음가짐으로 살아야 하는지를 솔로몬을 통해서 가르치고 계십니다. 어떤 마음가짐으로 사는 것이 좋을까? 이 질문을 다시 한 번 자신에게 던지면서 하나님이 주시는 교훈에 귀를 기울여 봅시다.

캄캄한 날이 많은 세상

이 세상을 사는 것은 결코 단순하지도 않고 쉽지도 않습니다. 솔로몬이 본문에서 지적한 것과 같은 여러 가지 어려움이 있습니다. "캄캄한 날이 많으리니." 이 세상에 사는 사람 누구에게나 캄캄한 날이 많습니다. 10년을 살거나 100년을 살거나 캄캄한 날이 많기는 마찬가지입니다. 눈물을 흘려야 하는 날들이 얼마나 많은지 모릅니다. 그만큼 세상을 사는 것은 힘든 일입니다.

"장래 일은 다 헛되니라." "어릴 때와 청년의 때가 다 헛되니라." 사람은 누구나 꿈과 희망을 가지고 이 세상을 살아갑니다. 자신의 꿈을 이루기 위해 평생을 정신없이 사는 사람도 있습니다. 그러나 그 꿈이 이루어졌다고 해도 별것 아닙니다. 인생의 황금기라고 할 수 있는 젊은 때를 누구나 부러워하지만 사실 따지고 보면 그것도 다 허무한 것에 불과합니다. 세상은 원래 그런 것입니다.

"하나님이 이 모든 일로 인하여 너를 심판하실 줄 알라." 사람은 세상에서 어떤 모양으로 살든지 간에 결국 무덤에 들어가게 되어 있습니다. 그런데 이것으로 끝나 버리는 것이 아닙니다. 준엄한 사실이 기다리고 있습니다. 하나님 앞에 가서 심판을 받게 된다는 것입니다. 어떤 면에서는 두려운 미래가 기다리고 있다는 것을 우리 모두가 알아야 합니다. 이 세상은 어두운 날이 많고 겉으로는 화려한 것같이 보여도 사실은 헛된 것뿐입니다. 그리고 나중에는 하나님 앞에 가서 심판을 받아야 합니다. 그런 무거운 짐을 지고 사는 것이 세상입니다.

그럼에도 불구하고 하나님은 솔로몬을 통해서 우리에게 이렇게 교훈하고 계십니다. "사람이 여러 해를 살면 항상 즐거워할지로다." 하나님은 우리에게 즐겁게 살아야 한다고 말씀하고 있습니다. "청년이여 네 어린 때를 즐거워하며 네 청년의 날을 마음에 기뻐하여." 우리가 매일매일을 즐겁게 살겠다는 마음가짐을 가지고 노력해야 한다는 것입니다. 그것이 만사가 헛된 이 세상에서 행복하게 살 수 있는 길이라고 하나님께서 가르쳐 주십니다.

'즐겁게 살아' 는 말은 무슨 뜻입니까? 어떤 모양으로든지 즐기는 것이 최고의 선이란 말입니까? 그것은 절대 아닙니다. 쾌락주의는 하나님이 미워하시는 악입니다. 그러면 즐겁게 살라는 의미는 무엇입니까? 내 마음대로 살면 그만이라는 식으로 인생을 살아도 된다는 이야기입니까? 아닙니다. 그렇게 사는 것은 타락입니다. 하나님은 타락을 기뻐하시지 않습니다. 곤고한 날이 많고 허무한 것뿐이니까 겉으로 즐겁게 그저 보람 있는 것처럼 꾸미고 살라는 말입니까? 그것도 아닙니다. 그것은 자기 기만입니다. 하나님은 자기 기만을 절대 기뻐하시지 않습니다.

그러면 그 의미가 무엇입니까? 하나님은 중요한 전제 조건을 염두에 두고 말씀하고 계십니다. 그 전제 조건이 무엇인 줄 압니까? 우리 모두는 십자가의 은혜로 구속함을 받은 새로운 피조물이라는 것입니다. 우리는 성경 말씀을 통해서 예수님을 알게 되었습니다. 나를 위해 예수님이 십자가에서 피 흘려 주셨다는 것을 깨닫게 되었습니다. 예수님께 나의 모든 죄를 고백하고 용서받았습니다. 그분이 주시는 영생을 선물로 받았습니다. 성령은 지금 내 안에서 역사하고 계십니다. 이렇게 중생받은 우리 모두는 새로운 피조물로 태어난 사람들입니다.

안목이 달라진 사람

"나는 아직 교회 다닌 지 얼마 안돼서 성경 말씀을 잘 모르는데요"라고 말하는 사람이 간혹 있습니다. 그렇지만 예수 그리스도가 나 같은 죄인을 위하여 돌아가셨다는 것을 분명히 고백할 수 있다면 그는 새 사람입니다. 믿음이 적든 많든, 좋든 나쁘든, 말씀을 많이 알든 적게 알든 상관없습니다. 예수님이 나에게 그런 엄청난 은혜를 주셨다는 것을 확실히 믿는 이상 그는 새로운 피조물입니다. 새로운 피조물이라는 것은 사람이 달라졌다는 말입니다. 사람이 새롭게 되었다는 말입니다. 사람이 새롭게 되면 안목이 달라집니다. 시각이 분명히 달라집니다. 시각이 달라지면 생각도 달라지고, 생각이 달라지면 반응도 달라지고, 반응이 달라지면 행동도 달라집니다. 우리는 달라진 사람이요, 새롭게 된 사람입니다. 이것을 전제로 하고 하나님께서는 우리에게 기뻐하는 삶을 살라고 말씀하시는 것입니다.

이 세상이 달라졌기 때문에 다르게 보는 것이 아닙니다. 우리가 예수 믿기 전의 세상이나 예수 믿은 다음의 세상이나 달라진 것은 하나도 없습니다. 어떤 면에서는 이 세상이 더 악해지고 있다는 것을 우리가 인정해야 합니다. 환경도 달라진 것이 없고, 여건도 달라진 것이 없는데 왜 우리가 기뻐해야 합니까? 그 이유는 우리 자신이 달라졌기 때문입니다. 요사이 현대말로 하면 패러다임이 달라졌다는 것입니다. 안목이 달라지고 반응이 새로워졌다는 것입니다.

앤더슨이라는 사람이 쓴 책을 읽는 중에 감명 깊은 내용을 하나 발견했습니다. 미국 뉴욕의 어느 지하철 안에서 일어난 일입니다. 주일 아침이었기 때문에 차 안에는 사람이 별로 많지 않았습니다. 신문을 보는 사람, 눈을 감고 명상에 잠겨 있는 사람, 앉아서 졸고 있는 사람들이 눈에 들어왔습니다. 매우 평화로운 분위기였습니다.

그런데 기차가 어느 역에 섰을 때, 문이 열리자마자 30대 남자가 아이들을 데리고 들어왔습니다. 남자는 자리에 가서 앉았는데 웬일인지 아이들이 소란을 피우며 돌아다니기 시작했습니다. 고함을 지르기도 하고, 발에 걸리는 물건을 차기도 하고, 신문을 보고 있는 사람에게 가서 신문을 빼앗기도 하며 법석을 떨었습니다. 사람들은 애들을 쳐다보며 아주 못마땅한 표정을 지었습니다. 그런데 이상한 것은 아이들의 아빠였습니다. 그는 애들이 무슨 짓을 하든 상관없다는 듯이 눈을 감고는 잠자코 있었습니다. 다들 화가 나서 꾹 참고 있는 표정이 역력했습니다. 앤더슨이 도저히 참지 못해서 한마디했습니다.

"선생님, 실례합니다. 댁의 아이들이 너무 소란을 피워서 많은 분들이 불쾌하게 생각하고 있습니다. 좀 조용히 하도록 애들을 타일러 주십시오."

그 말을 듣자 그 사람은 마치 그 사실을 처음 알았다는 듯이 눈을 번쩍 떴습니다. 그리고 잠시 후 힘이 다 빠진 소리로 이렇게 말했습니다.

"선생님 말씀이 옳습니다. 저도 애들을 단속해야겠다고 생각하고 있었습니다. 우리는 방금 병원에서 돌아오는 길입니다. 한 시간 전에 애들 엄마가 세상을 떠났어요. 제가 지금 무엇을 해야 할지 모르겠습니다. 저 애들도 마찬가지일 겁니다."

그 말을 듣는 순간 앤더슨은 심한 충격을 받았습니다. 한 순간에 그는 딴 사람이 되어 버렸습니다. 안목이 바뀐 것입니다. 눈앞의 현실을 보는 눈도, 생각도, 느낌도, 감정도 달라졌습니다. 그리고 태도도 달라졌습니다. 짜증이 온데간데없이 사라져 버렸습니다. 그 남자의 고통이 자기 가슴에 진한 아픔이 되어 밀려왔습니다. 그래서 자기도 모르게 이런 말이 튀어나왔습니다. "선생님 미안합니다. 제가 너무 몰랐군요. 뭐 도와 드릴 것이 없을까요?" 이런 변화를 놓고 패러다임이 바뀌었다고 하는 것입니다. 환경과 여건이 달라진 것이 없는데 보는 시각과 느끼는 감정이 달라진 것입니다.

오늘 예수 믿는 사람들 앞에 펼쳐진 세상은 이 예화에 나오는 지하철 안의 분위기와 다를 바 없습니다. 소란을 피우며 말썽을 부리는 아이들 같은 사람들이 우리 주변에 얼마나 많습니까? 또 그런 것을 보고 참지 못해 울컥하는 사람이 얼마나 많습니까? 아무리 보아도 웃을 만한 일이 별로 없는 세상입니다. 그러나 우리는 예수님을 만났습니다. "하나님이 이처럼 세상을 사랑하사 독생자를 주셨다"는 것을 알게 되었습니다. 하나님을 대적하는 사람들이 온 세상에 퍼져 있어도 주님은 그들이 돌아오기만을 기다리고 계심을 깨달았습니다. 그리고 이 놀라운 예수 그리스도의 사랑을 발견하자마자 우리의 눈이 바뀌었습니다. 슬프고 괴로웠던 일들이 이제는 고통으로 생각되지 않습니다. 예전에는 못마땅하게 보이던 사람들이 이제는 사랑스럽게 보이기 시작합니다. 이렇게 달라져 있기 때문에 하나님이 우리보고 즐겁게 살라고 말씀하시는 것입니다.

인생은 단순히 이를 악물고 참고 견디는 것이 아닙니다. 하나님은 우리가 세상에서 즐겁게 살기를 원하십니다. 주님이 우리의 시각을 바꾸어 주셨기 때문에 우리에게 항상 기뻐하며 살라고 말씀하시는 것입니다. "항상 기뻐하라"(살전 5:16). 이 말씀 다음에 어떤 설명도 붙어 있지 않습니다. 딱 한마디입니다. "항상 기뻐하라." 하나님이 자신 있게 명령하시는 것입니다.

그러면, 우리가 왜 항상 기뻐해야 합니까? 우리는 그렇게 살 수 있도록 변화를 받은 사람들이기 때문입니다. 또 있습니다. "우리가 환난 중에도 즐거워하나니"(롬 5:3). 우리는 어떤 경우에라도 즐거워할 수 있는 사람들입니다. 항상 기뻐하라는 말씀과 환난 중에도 즐거워하라는 말씀에 우리 자신을 한번 비춰 봅시다. 우리들 대부분은 이 명령대로 살고 있지 않습니다.

참회 기도를 할 때 "주님은 항상 기뻐하라고 하셨지만 저는 슬퍼하면서 살았고 불평하면서 살았어요. 주님 저를 용서해 주세요."라고 기도합니까? 대부분의 사람들이 그런 기도를 하지 않습니다. 뭔가 잘못되어 있는 것입니다. 성령의 열매 중에 희락이 있습니다. 아주 기뻐하는 것입니다. 성령이 충만하면 기뻐하는 사람이 됩니다. 어떤 환경에서도 즐거워하며 살 수 있도록 하나님은 우리를 새롭게 만들어 주셨습니다. 여건은 달라지지 않았지만 보는 눈이 달라졌기 때문에 우리가 기뻐할 수 있는 것입니다. 그런데 아직 마음속에 그런 변화가 일어나지 않는 사람이 있나요? 그렇다면 그는 은혜를 더 받아야 할 사람이라고 할 수 있습니다.

우리의 안목이 바뀌었다고 해서 눈만 뜨면 기계처럼 벙긋벙긋 웃는 사람이 되었다는 말은 아닙니다. 하나님은 노력을 해야 한다고 합니다. 그러니까 항상 기뻐하라고 명령하는 것 아닙니까? 자기의 삶을 어떻게 길들이느냐에 따라 그의 삶이 밝아지기도 하고 어두워지기도 하는 것입니다. 우리 대부분은 자신의 삶을 즐겁게 만들기 위해 별로 노력을 기울이지 않는 것 같습니다. 또 그런 지혜도 부족한 것 같습니다. 그러므로 우리는 오늘 솔로몬에게서 지혜를 배워야 합니다.

해를 바라보라

솔로몬은 오늘 우리에게 두 가지를 실천하라고 교훈하고 있습니다. 첫째는 해를 바라보고 즐거워하라고 합니다. 묘한 이야기입니다. "빛은 실로 아름다운 것이라 눈으로 해를 보는 것이 즐거운 일이로다." 다시 말하면 날마다 해를 바라보면서 즐거워하고 빛을 보면서 즐거워하라는 말입니다. 빛을 보고 산다는 것은 즐거운 일인데 왜 빛을 보면서 즐거워하지 않느냐 하는 말입니다. 아침에 일어났을 때 창문으로 들어온 빛을 보고 "야, 멋있다. 정말 좋아!" 하고 기뻐하는 사람이 몇이나 됩니까? 동쪽 하늘로부터 서서히 떠오르는 붉은 태양을 보면서 기뻐하는 사람이 몇이나 됩니까? 우리들 대부분은 그렇게 살지 못하고 있습니다. 그러나 하나님은 우리가 그렇게 살아야 한다고 말씀하고 계십니다.

누군가가 이런 이야기를 했습니다. "이 세상에는 마치 감옥살이를 하고 있는 두 부류의 사람이 살고 있다. 한 사람은 창살을 붙들고 찬란하게 떠오르는 태양을 바라보며 그 태양의 아름다움에 취해서 자기가 감옥에 있다는 것도 잊어버리고 황홀해 하는 죄수다. 다른 한 사람은 창살을 움켜쥐고 사방으로 높이 둘러싸인 형무소의 담을 쳐다보면서 울분을 이기지 못하고 이를 악물고 있는 죄수다."

똑같은 처지이지만 한 사람은 해를 보고 감격하는데 다른 한 사람은 형무소의 담을 보고 이를 가는 것입니다. 오늘 세상은 이런 두 부류의 사람이 있는 것 같습니다. 여러분은 이 두 사람 중에서 누구를 닮았다고 생각하십니까? 해를 쳐다보고 감격하고 감사하고 즐거워하는 사람입니까? 하나님은 솔로몬을 통해서 우리가 그런 사람이 되어야 한다고 말씀하십니다.

하나님의 자녀는 자연을 보고 즐거워하고 기뻐하는 소박한 마음을 가져야 합니다. 자연은 은혜의 수단입니다. 자연은 그 속에 하나님을 알고 기뻐할 수 있는 아름다움과 메시지를 담고 있습니다. 중생한 사람은 자연 속에 감추어져 있는 아름다움과 메시지를 읽을 수 있는 신령한 눈을 가지고 있습니다. 피곤할 때 우리는 파란 하늘을 올려다봅니다. 마음이 괴로울 때 확 트인 바다를 찾아갑니다. 왜 그렇습니까? 그 속에서 하나님의 메시지를 발견할 수 있기 때문입니다. 하나님이 만드신 아름다운 자연을 보면 슬픔을 딛고 기뻐할 수 있는 힘을 얻을 수 있습니다.

시편 19장 1~4절을 보십시오. "하늘이 하나님의 영광을 선포하고 궁창이 그 손으로 하신 일을 나타내는도다 날은 날에게 말하고 밤은 밤에게 지식을 전하니 언어가 없고 들리는 소리가 없으나 그 소리가 온 땅에 통하고 그 말씀이 세계 끝까지 이르도다." 누가 그 선포하는 음성을 들을 수 있습니까? 하늘을 바라보는 자입니다. 누가 궁창에 하나님의 오묘한 손길이 있다는 것을 알 수 있습니까? 궁창을 올려다보는 사람입니다. 누가 날과 밤의 그 은밀한 메시지가 오고 가는 것을 봅니까? 날을 주목하고 밤을 주목하는 사람입니다. 들리는 소리 없으나 그 소리가 온 땅에 통하는 것을 누가 들을 수 있습니까? 자연을 주목하는 사람, 해를 쳐다보는 사람입니다.

그렇습니다. 솔로몬은 매일 떠오르고 지는 태양을 보면서 즐거워했습니다. 예수님은 길가에 피어 있는 백합화를 보시고 감격하셨습니다. "들의 백합화가 어떻게 자라는가 생각하여 보라"(마 6:28). 예수님은 공중에서 지저귀는 새를 자주 쳐다보셨습니다. 그 새 소리를 마음에 담고 음미하셨습니다. "공중의 새를 보라"(마 6:26). 예수님은 머리 둘 곳 없이 가난하셨습니다. 그러나 백합화를 볼 때마다, 공중에 나는 새를 볼 때마다 그분의 마음에는 넘치는 기쁨이 있었고, 풍요로움이 있었습니다. 그래서 솔로몬도 해를 보라, 백합화를 보라고 말하고 있는 것입니다.

다윗은 자기 눈앞에 펼쳐져 있는 푸른 초장을 날마다 바라보았습니다. 수많은 양 떼들이 흩어져 꼴을 뜯고 있는 푸른 초장을 보면서 그는 마음이 기뻤습니다. "여호와는 나의 목자시니 내가 부족함이 없으리로다"(시 23:1). 이렇게 노래하는 다윗을 보십시오. 얼마나 그 마음이 풍요로웠는지 모릅니다. 가난하지만 기뻐할 수 있다는 것을 다윗이 보여 주었습니다. 저는 헤르만 헷세가 예수 믿은 사람인지 아닌지 잘 모릅니다. 그러나 그가 참 의미 있는 말을 한마디 했습니다. "하나의 꽃잎, 한 마리의 벌레가 도서관의 책들보다도 훨씬 많은 것을 간직하고 있다."

안 믿는 사람의 눈에도 자연은 풍요롭고 아름답고 또 진리가 가득한 것입니다. 하물며 안목이 달라진 하나님의 자녀에게는 말할 필요가 없습니다. 어떻게 떠오르는 태양이 단순한 태양일 수 있겠습니까? 어떻게 백합화 한 송이가 단순한 꽃으로 보일 수 있겠습니까? 어떻게 지저귀는 새 소리가 단순한 잡음처럼 들릴 수 있겠습니까?

하나님의 자녀는 은혜 받으면 모두가 시인이요 예술가가 됩니다. 하나님의 사랑에 감동된 가슴을 가지고 있기 때문입니다. 하나님의 사랑을 발견한 사람은 꽃 한 송이를 보고도 감사하고 감동할 수 있습니다. 우리는 하나님이 창조하신 자연 만물을 바라보면서 그의 사랑과 신실하심을 깨달을 수 있습니다. 어두움을 쫓아버리는 저 찬란한 태양을 보면 저절로 하나님의 능력을 찬양하게 됩니다. 저 들판에 피어 있는 향기로운 백합화를 보세요. 소박하게 피어 있는 들꽃을 보세요. 평화로운 푸른 초장을 보세요. 그 속에 기쁨이 있습니다. 그 속에 하나님의 능력이 있습니다. 아무리 허탈한 심정으로 길을 나섰던 사람도 자연의 위대함을 발견하면 기쁘게 웃으며 돌아올 수 있습니다. 그런 놀라운 능력이 그 속에 숨어 있는 것입니다.

즐겁게 살기를 원하십니까? 그렇다면 사람을 너무 보지 마세요. 신문이나 텔레비전 쪽으로만 눈을 돌리지 마세요. 저 높은 하늘을 보세요. 저 푸른 들판을 보세요. 해를 보는데 돈 내라는 사람이 있습니까? 아무도 없습니다. 우리 하나님은 얼마나 자비로우신지 가난한 사람도 창문만 열면 해를 볼 수 있도록 만들어 놓으셨습니다. 아무리 천한 사람도 아무리 세상에서 짓밟히며 사는 사람도 그저 얼굴만 들면 찬란한 햇살을 볼 수 있도록 만들어 놓으신 것입니다. 하나님은 태양을 누구나 볼 수 있는 자리에 두셨습니다. 얼마나 감사한지요!

야생화 한 송이를 보는데 누가 돈을 내라고 합니까? 언제든지 마음만 먹으면 볼 수 있습니다. 아, 거기에 인생의 즐거움이 있다고 솔로몬은 가르쳐 줍니다. 그러나 우리는 어떻습니까? 엉뚱한 데서 즐거움을 찾곤 합니다. 그래서 즐거움을 찾기는커녕 허무감만 가슴에 가득 안고 돌아오는 때가 얼마나 많습니까? 문제는 해를 보려고 하지 않는다는 것입니다. 꽃을 보려고 하는 마음이 없다는 것입니다.

헤르만 헷세의 말을 인용해 보겠습니다. "위대한 시인처럼 대자연은 가장 작은 수단으로 가장 큰 효과를 내는 능력을 가지고 있다. 자연 속에는 태양, 초목, 꽃, 물 그리고 사랑이 있을 뿐이다. 그러나 가슴으로 사랑을 느끼지 못하는 사람은 그런 것들에서 아무런 시적 감흥도 느끼지 못한다. 그러한 사람에게는 태양은 직경이 수만 킬로미터 되는 하나의 물체에 지나지 않는다. 그러한 사람에게는 나무는 불을 지피는 데에 유용한 것이며 꽃은 단순히 여러 가지 종류가 있다는 것에 불과하다. 그리고 물은 습기가 많은 물질일 뿐이다." 우리가 하나님이 바꾸어 놓으신 거룩한 안목을 가지고 자연을 보지 않기 때문에 하루를 즐겁게 살지 못하는 것입니다.

즐겁게 살면 하루가 그만큼 가볍습니다. 누구나 인생의 짐은 같은 것입니다. 가난한 사람이나 부한 사람이나 인생의 짐은 모두 같은 것입니다. 같은 짐이라도 즐겁게 지는 사람에게는 그 짐이 가벼운 법입니다. 그러나 마음이 무거운 사람은 그 짐도 엄청나게 무거운 것입니다. 세익스피어가 이런 말을 했습니다. "마음이 즐거우면 종일 가도 피곤을 모르지만 마음이 슬프면 얼마 못 가서 피곤해 주저앉는다." 누가 가르쳐 주지 않아도 그 사실을 모르는 사람은 없습니다. 해를 보거나 백합화를 보는 것은 가난한 자나 부자나 차이가 없습니다.

어린 아이가 천진난만하게 깔깔대고 웃는 소리가 꼭 부잣집에서만 나오는 것은 아닙니다. 달동네의 비가 새는 움막 속에서도 어린 아이의 천진한 웃음 소리는 들립니다. 얼마나 좋은 환경에 사느냐에 따라 기뻐할 수 있는 것이 아닙니다. 예수 그리스도를 마음에 모시고 있는 사람은 꽃 한 송이를 가지고도 하나님의 사랑을 느끼며 하루를 즐겁게 살 수 있습니다. 하나님이 그렇게 만들어 놓으셨습니다. 그러나 우리는 자기의 마음을 조율하는 데 서툴거나 게을러서 하루를 우울하게 보낼 때가 너무 많은 것 같습니다.

어떤 사람이 이런 말을 했습니다. "사람의 마음속에는 두 개의 침실이 있다. 한 침실에는 기쁨이 살고 있고, 또 한 침실에는 슬픔이 살고 있다. 한 방에서 기쁨이 깨어 있으면 다른 방의 슬픔은 잠이 든다." 참 묘한 말이지만 분명 일리가 있습니다. 기쁨이 충만하면 슬픔은 저절로 가라앉습니다. 우리는 하나님이 만드신 자연 만물을 보면서 그의 성실하심과 부요하심을 마음에 담는 습관을 가져야 합니다. 그러면 슬픔은 사라집니다. 항상 기뻐할 수 있는 사람이 됩니다. 그렇게 되도록 우리 모두 노력을 해야 합니다.

작은 아파트에 사는 주부가 창틀에 화분을 놓고 정성껏 키우는 모습을 본 적이 있습니다. 그 부인은 즐겁게 사는 비결을 터득한 사람입니다. 오늘 어떤 문제로 다른 사람과 다퉈서 마음이 우울합니까? 창문을 활짝 열고 하늘을 바라보세요. 그리고 "주님, 오늘도 햇살은 저를 따사롭게 비춰 주고 있군요. 우리 하나님 아버지의 사랑이 변함없이 저를 지켜 주는 것과 똑같아요. 해를 만드신 주님, 감사합니다." 이런 고백이 나올 때까지 하늘을 바라보세요. 그런 연후에 상대방을 만나면 자기의 마음이 달라져 있는 것을 발견할 수 있을 것입니다.

우리가 이런 진리를 알고 있는 이상 노력해야 합니다. 눈을 딱 감고 있는 사람에게는 햇살이 눈 안에 들어오지 않습니다. 마음의 여유가 필요합니다. 가난해도 기뻐할 수 있는 일이 얼마든지 있는데 왜 우울하게 삽니까? 하나님은 우리가 항상 기뻐하며 살기를 원하십니다.

오늘을 즐겁게 살라

하나님은 솔로몬을 통해서 또 하나의 교훈을 가르쳐 주십니다. 그것은 오늘을 즐겁게 살라는 것입니다. 본문 8절을 보세요. "사람이 여러 해를 살면 항상 즐거워할지로다." 오래 사는 사람은 그 모든 날을 즐겁게 살아야 한다고 말합니다. 우리가 행복하게 살려면 어떤 조건이 충족되어야만 가능합니까? 돈이나 명예가 있으면 저절로 행복해집니까? 아닙니다. 자기의 꿈이 이루어져야 비로소 행복해질 수 있다고 생각하는 사람이 많습니다. 그 꿈이 이루어지기까지는 즐겁게 살기가 힘들 것이라고 체념하는 사람이 많습니다. 그렇지 않습니다. 아무리 돈과 명예가 대단하다 해도 그것이 그 사람을 행복하게 만들지 못합니다.

미국의 텔레비전 프로그램 중에 "도나휴"라는 유명한 프로그램이 있습니다. 그 프로그램에서 어느 날 아주 인상 깊은 토론을 벌인 적이 있습니다. 유명 인사와 결혼을 했으나 결국 이혼하고 혼자 사는 여인들을 초청해서 좌담을 연 것입니다. 출연자들이 저마다 쏟아 놓는 이야기는 다양했습니다. 그러나 공통된 의견이 있었습니다. "돈이면 다 해결할 수 있다고 생각했을 때 오히려 문제가 더 복잡해졌어요." "결혼 생활 중에서 행복했던 때는 오히려 어려운 살림을 꾸려 가면서 서로 의지하던 때였어요." "가장 행복했던 날들은 피곤하지만 소박하게 살던 때였어요." 거기에 출현한 여인들이 이구동성으로 한 말이었습니다.

돈이 우리에게 기쁨을 안겨 주는 것이 아닙니다. 명예가 우리에게 기쁨을 안겨 주는 것도 아닙니다. 기쁨은 젊은이들만 누리는 전매 특허가 아닙니다. 우리는 언제나 기뻐할 수 있습니다. 행복은 오늘의 것입니다. 기쁨은 지금 유효한 것입니다. 그것을 유보시키면 안됩니다. 내일까지 미루면 아이스크림이 녹듯이 다 녹아 버립니다. 지금 우리는 기뻐할 수 있습니다. 예수님이 우리 안에 계시기 때문에 우리는 항상 기뻐할 수 있습니다.

토인비가 쓴 글을 보고 참 느끼는 바가 많았습니다. "당신이 우리 집에 와서 내가 사는 것을 보고 나를 행복한 사람이라고 말할지 모르겠습니다. 그러나 이 가구와 음식들은 행복과는 하등 관계가 없습니다. 하나님께서 나를 사랑하시고 돌보시고 계신다는 사실을 나는 매일 아침 느끼며 자리에서 일어납니다. 하나님께서는 그리스도로 말미암아 내 모든 죄를 용서하셨습니다. 그래서 내가 아무 염려 없이 미래를 맞이할 수 있는 것입니다. 만일 내가 이것을 착각으로 여겼다면 이 집은 내게 아무 안식도 주지 못하고, 이 음식은 아무 맛도 없는 것이 되었을 것입니다. 이 집의 비싼 물건들이 행복을 가져다 주는 것이 아닙니다. 내가 이것을 솔직하게 당신에게 말할 수 있게 된 것을 기쁘게 생각합니다. 내일 이 집이 갑자기 오두막집이 된다고 할지라도 나는 기뻐할 것입니다. 왜냐하면 예수 그리스도가 나의 유일한 만족이요, 기쁨이 되기 때문입니다."

당신의 안목은 달라져 있는가?

기쁨은 오늘 내가 누리는 것입니다. 조건이 충족될 때만 누리는 것이 아닙니다. 지금 내가 기뻐할 수 있는 것입니다. 그러기에 솔로몬은 오늘 기뻐하라고 했습니다. 모든 날을 기뻐하라고 했습니다. 바울 사도도 우리에게 항상 기뻐하라고 했습니다. 성령을 모신 사람은 항상 기쁨이 그 마음속에 있습니다. 어떤 조건을 따지지 않고 그 모든 조건을 초월해서 기뻐할 수 있는 것입니다.

　날마다 불평하며 우는 자식을 보고 싶어하는 부모는 없습니다. 아무리 부유하게 잘 살아도 자식들이 그 꼴로 사는 것을 보고 싶어하는 부모는 없습니다. 우리 하나님 아버지도 마찬가지입니다. 하나님은 우리가 즐겁게 살기를 원하십니다. 하나님의 사랑을 독차지한 우리들이 날마다 기쁘게 웃으며 사는 것을 보기 원하십니다. 푸른 하늘을 바라보며 즐거워하는 사람이 되기를 원하십니다. 푸른 하늘을 바라보며 기뻐하고, 한 송이 들꽃을 바라보며 즐거워하는 사람이 되기를 원하십니다.

　"하늘의 새도 네 것이고 저 백합화도 네 것이고 저 푸른 초장도 다 네 것이다. 내가 너에게 주었노라. 그러니까 기뻐하며 살아라. 세상 사람들 앞에서 얼굴을 펴라. 환하게 웃으며 살아라." 이것이 하나님께서 우리에게 요구하시는 삶입니다. 어두운 날이 더 많은 세상입니다. 그러나 우리는 즐겁게 사는 비결을 배웠습니다. 시시때때로 해를 봅시다. 시시때때로 백합화를 봅시다. 시시때때로 하나님의 사랑을 느끼게 하는 것들을 찾아갑시다. 그 속에 하나님이 주시는 메시지가 있습니다. 그 속에 하나님이 주시는 넘치는 기쁨이 있습니다.

겉옷까지 주십시오

또 눈은 눈으로, 이는 이로 갚으라 하였다는 것을 너희가 들었으나 나는 너희에게 이르노니 악한 자를 대적지 말라 누구든지 네 오른편 뺨을 치거든 왼편도 돌려 대며 또 너를 송사하여 속옷을 가지고자 하는 자에게 겉옷까지도 가지게 하며 또 누구든지 너로 억지로 오 리를 가게 하거든 그 사람과 십 리를 동행하고 네게 구하는 자에게 주며 네게 꾸고자 하는 자에게 거절하지 말라.
마태복음 5 : 38~42

우리 모두가 높은 이상을 바라보며 하나님의 자녀답게 살려고 부단히 노력할 때 하나님은 우리를 통해 영광 받으실 것입니다.

성경에서 이 말씀만큼 우리의 기를 꺾어 놓는 말씀이 또 있는지 모르겠습니다. 저와 같이 목사의 처지에 있는 사람도 이 말씀 앞에서는 긍지와 자부심이 사정없이 산산조각 나고 맙니다. 아마도 이 말씀은 성경에서 가장 오르기 힘든 최고봉의 하나라 할 것입니다. 그러다 보니 우리는 자칫 이 말씀을 마치 사람이 한 번도 오른 적이 없는 높은 산을 대하듯 하기 쉽습니다. "저 산은 아직 한 사람도 올라간 적이 없어. 그러니까 저건 못 올라가는 산이야!" 이렇게 단념하고 나면 그 산을 오르지 못하는 데 대한 아쉬움이나 부끄러움이 다 사라지고 마음이 마냥 평안해지는 것입니다. 마찬가지로 우리는 이 말씀에 대해서도 그대로 살지 못하는 것을 매우 당연한 것처럼 생각하고 실천하려고 노력하는 것조차 포기하기 쉽습니다.

그러나 하나님은 절대 이와 같은 태도를 기뻐하지 않으십니다. 이 말씀이 아무리 순종하기 어렵다 해도 하나님의 명령이기에 우리는 실천하려고 부단히 노력해야 합니다. 그렇게 할 때에 비로소 우리는 정상을 향해 조금씩 더 높이 올라가게 될 것이고, 결국에는 하나님이 기뻐하시는 수준까지 이를 수 있게 되는 것입니다.

두 가지 오해

사실 이 말씀은 그 동안 해석을 둘러싸고 많은 사람들의 오해를 받아 왔습니다. 어떤 사람들은 이 말씀을 액면 그대로 실천하려고 노력했습니다. 러시아의 문호 톨스토이가 그 한 예입니다. 절대평화주의자요, 완전주의자였던 그는 "절대로 악한 자를 대적하지 말라. 그대로 내버려두어야 한다. 대적하는 것은 비성경적이다. 그러므로 악한 자를 견제하고 벌을 가하는 정부도 있어서는 안될 것이요, 군대도 있어서는 안될 것이며, 경찰이나 행정관도 있어서는 안된다!"며 거의 무정부론에 가까운 주장을 폈습니다. 우리가 잘 아는 『전쟁과 평화』라는 유명한 소설도 사실은 이러한 사상에 근거해서 쓴 작품입니다.

비슷하지만 또 이런 주장을 한 사람들도 있습니다. "예수 믿는 사람은 시시비비를 막론하고 절대 다른 사람에게 저항해서는 안된다. 발에 묻은 진흙을 털게끔 문간에 깔아 놓은 매트처럼 아무리 밟고 뭉개도 가만히 있어야 한다. 어떤 피해와 고통을 당해도 '아멘'으로 받아들여야 한다. 이것이 크리스천이다." 그들의 말이 전혀 일리가 없는 것은 아니지만 이것은 너무 지나친 이상론이 아닐 수 없습니다.

이 두 가지 극단적인 입장은 본문 말씀을 액면 그대로 받아들인 데서 빚어진 오해였습니다. 그러나 예수님을 보십시오. 그분은 당대의 악에 대해서 가장 신랄하고도 무섭게 대항하셨던 분입니다. 마태복음 23장 33절을 보면 주님은 '독사의 새끼'라는 극한 말을 써 가면서 서기관들과 바리새인들을 책망하셨습니다. 그분은 부패한 종교 지도자들과 나라를 좀먹던 정치 지도자들에 대해 침묵이나 무저항으로 일관하신 것이 아닙니다. 이것은 참으로 역설이 아닐 수 없습니다. 왜냐하면 우리에게 악을 대적하지 말라고 말씀하신 예수님 당신은 악에 대해서 공개적으로 대항하셨기 때문입니다.

가야바의 뜰에서 마지막 심문을 받는 도중에 옆에 있던 군사 하나가 충동적으로 예수님을 때렸을 때에도 그러셨습니다. 그가 어디를 때렸는지는 성경에 분명하게 기록되어 있지 않지만 아마 뺨을 때렸을 것이라고 생각됩니다. 이런 억울한 치욕을 당하실 때 예수님은 어떻게 반응하셨습니까? 오른뺨을 맞았다고 해서 왼뺨을 돌려 대셨습니까? 천만에요. 그분은 오히려 "네가 내 말의 어떤 부분이 잘못되었는지 명확하게 따져서 잘잘못을 가리기 전에 왜 사람을 치느냐?"면서 단호히 항의하셨습니다(요 18:23).

우리는 이 두 가지 사실에서 오른뺨을 때리면 왼뺨을 돌려 대라는 말씀을 표면상의 의미로 받아들여서는 안된다는 것을 분명히 알 수 있습니다. 따라서 우리는 오해에 빠지지 않기 위해 다음의 두 가지를 분명히 해 둘 필요가 있습니다. 먼저 이 말씀은 개인과 국가의 관계나 개인과 사회의 관계에는 적용될 수 없습니다. 예수님은 개인적인 관계에 있어서 악의를 품고 자신을 해치려 하는 자나 해를 끼친 자에게는 온유하게 용서를 베푸셨습니다. 그러나 국가나 사회의 악에 대해서는 결코 잠잠하지 않고 단호히 맞서 싸우셨습니다. 그러므로 우리는 이 말씀을 개인적인 관계에만 적용되는 진리로 보아야 하는 것입니다. 두 번째로 이 말씀은 세상 사람 모두에게 적용될 수는 없습니다. 다시 말해서 이 말씀은 하나님의 자녀들에게만 주어진 말씀입니다. 그러므로 우리는 이 말씀에서 하나님의 자녀가 이웃들과의 관계에서 억울한 일을 당할 때 어떻게 처신하는 것이 하나님의 자녀다운 태도인지를 배워야 합니다. 그 태도는 한마디로 이렇게 요약될 수 있습니다. "원한에 대해 보복하느니 차라리 자비를 베풀라!"

눈은 눈으로 이는 이로

사실 구약 시대에는 피해자가 가해자에게 보복하는 것이 법적으로 매우 정당한 일이었습니다. 예수님 당시까지만 해도 이스라엘 사람들은 "눈은 눈으로, 이는 이로 갚으라"는 교훈을 듣고 있었습니다. 어떤 사람이 내 눈에 상처를 냈으면 그의 눈에도 똑같이 하라는 것입니다. 출애굽기 21장

23~25절은 이것을 좀더 구체화하여 다음과 같은 여덟 가지 항목을 제시하기까지 했습니다. "생명은 생명으로, 눈은 눈으로, 이는 이로, 손은 손으로, 발은 발로, 데운 것은 데움으로, 상하게 한 것은 상함으로, 때린 것은 때림으로 갚을지니라." 어떤 면에서는 하나님께서 보복의 정당성을 인정하신 것입니다.

그러나 보복을 정당화하는 이 법은 잔인하기 그지없어 보입니다. 어떤 문제로 두 사람이 서로 다투다가 그 중 한 사람이 무의식 중에 손을 휘두른 것이 공교롭게도 상대방의 눈에 치명적인 상처를 입혀 눈을 멀게 했다고 가정해 봅시다. 만약 이 법대로 한다면 때린 사람을 끌어다 놓고 그 사람의 눈을 뽑아야 할 것입니다. 어쩌다 남의 눈을 멀게 했다 해서 멀쩡한 눈을 뽑아 버리라니 이 얼마나 기가 막힌 일입니까?

그러나 유대 나라에서 "눈은 눈으로, 이는 이로 갚으라"는 이 법이 문자 그대로 시행된 경우는 단 한 건도 없었다고 합니다. 이 법을 액면 그대로 집행하는 것은 너무나 무자비하고 잔인한 일이기에 그들은 좀 가볍게 가해한 사람에게는 돈으로 보상하게 했고, 좀 심하게 가해한 사람에게는 몇 년 동안 종이 되어 그 대가를 치르도록 했던 것입니다.

그렇다면 하나님은 무엇 때문에 그들에게 이런 무자비한 법을 주셨을까요? 하나님께서 이 법을 주신 진정한 의도가 따로 있다고 생각합니다. 하나님은 더 이상 악을 범하는 사람이 생기지 않도록 만듦으로 선한 사람을 미리 보호해 주고자 하셨던 것입니다. 신명기 19장 20절이 그 증거입니다. 거기 보면 하나님은 이 법을 언급하신 후 이런 해석을 덧붙여 놓으셨습니다. "그리하면 그 남은 자들이 듣고 두려워하여 이후부터는 이런 악을 너희 중에서 다시 행하지 아니하리라." 이로 볼 때 이 법은 사람을 잔인하게 다루기 위해서가 아니라 악을 예방함으로써 선한 자를 보호해 주시려는 하나님의 자비하심에서 나온 것이 분명합니다.

그리고 하나님은 요즘 흔히 유행하는 말로 하면 가혹 행위를 사전에 예방함으로써 가해자까지도 보호해 주려고 하셨던 것입니다. 사람들은 얼마나 잔인한 존재인지 모릅니다. 깨끗한 옷을 입고 머리를 단정히 빗고 용모를 깔끔히 하고 있으면 누구나 천사 같아 보입니다. 그러나 조금만 본성이 드러나면 피 한 방울 흘리게 한 사람에게 절대 피 한 방울만을 요구하지 않습니다. 그의 살점까지 뜯어 내려고 합니다.

이와 같은 잔인성은 살인자 가인의 자손 라멕의 말 속에도 적나라하게 드러나지 않습니까? 라멕은 자기 아내들을 앞혀 놓고 이렇게 자랑했습니다. "내가 상처를 입은 것 때문에 내가 사람을 죽였다. 내가 부상을 당한 것으로 인해서 나는 젊은 소년을 죽였다"(창 4:23). 라멕은 '이는 이로' 의 선에서 머물기를 거부했습니다. '이는 생명으로' 보복하는 데까지 가서야 그 분노를 가라앉힐 수 있었습니다. '이는 이로' 라는 최소한의 제동 장치가 없을 때 사람이 어느 정도로 잔인해 질 수 있는가를 보여 주는 좋은 예라 할 수 있습니다.

하나님의 자녀인 우리 역시 인간이기에 자칫 잘못하면 이런 잔혹 행위를 할 가능성이 얼마든지 있습니다. 가정에서 부모가 화나면 어린 자녀를 때리지 않습니까? 그런데 그 어린애가 잘못한 것만큼만 때리는 부모는 아마 열에 하나도 안될 것입니다. 화가 치밀어 오르면 자녀들에게 그 이상의 벌을 가하는 게 바로 우리 인간들입니다. 하나님은 인간의 이런 잔인성을 아셨기에 해를 가한 그 이상으로 보복하지 못하도록 이 법을 주신 것입니다. 하나님은 이러한 의도를 좀더 분명히 하시고자 이 법을 반드시 법관 앞에서 공개적으로만 시행하게 하셨습니다. 만약 자기 눈 하나를 멀게 한 사람을 끌고 와서 제 마음대로 그의 눈을 뽑게 한다면 화가 복받쳐

두 개 다 뽑을 수도 있기 때문입니다.

따라서 이 법은 가혹 행위를 범하는 것을 사전에 막고, 또 가혹 행위 때문에 희생당하는 것도 사전에 막고자 하신 하나님의 자비의 표현입니다. 하나님은 이 법을 통해 죄를 짓지 않은 선한 사람들뿐 아니라 죄를 범하고 남에게 해를 끼친 악인들까지도 사랑하시고 그 인권을 매우 존중히 여기신다는 것을 보여 주신 것입니다.

그러나 예수님 당시의 종교 지도자들은 이 법을 잘못 적용하여 개인적으로 보복해도 좋다고 가르치고 있었습니다. 그들은 이 법을 허락하신 하나님의 원래 의도를 완전히 왜곡시켜서 이 법을 악용했던 것입니다. 38절에서 예수님께서 그렇게 하지 말라고 말씀하신 것은 바로 이 때문이었습니다. 주님은 이 법을 더욱 높은 원래의 수준으로 끌어올려 재해석해 주셨습니다. 하나님의 자녀는 사적인 감정이나 원한이 있을 때 "보복하느니 차라리 자비를 베풀어야 한다"는 것입니다.

세 가지 예

예수님은 우리가 처할 수 있는 세 가지 대표적인 예를 들어 이 교훈을 세밀하게 가르치셨습니다.

왼뺨을 돌려대라!(인격적인 모독을 당할 때)

첫 번째 예는 오른뺨을 때리면 왼뺨을 돌려 대라는 것입니다(39절). 이것은 인격적인 모욕을 당할 때 하나님의 자녀가 마땅히 취해야 할 태도를 말합니다. 사람은 마땅히 사람 대우를 받아야 하고 존경과 신뢰를 받아야 합니다. 사람처럼 취급받지 못할 때 우리는 인격적으로 모욕을 당했다고 느낍니다. 수십 대의 태장을 맞아도 사람 대우를 받으면서 맞는다면 참을 수 있을 것입니다. 그러나 한 대를 맞아도 개처럼 취급당했다면 참아 내기가 결코 쉽지 않습니다.

예수님 당시 유대 나라에서는 손바닥으로 뺨을 때리는 것이 상당한 인격 모독 행위로 간주되었습니다. 그래서 노예들은 무슨 일로 주인에게 매를 맞게 되면 제발 몸의 다른 부위는 마음대로 때려도 좋으나 뺨만은 때리지 말아 달라고 간청하기도 했습니다. 그 당시에는 주인이 화가 날 때 노예들의 뺨을 때리는 일이 비일비재했던 것입니다.

한 가지 재미있는 것은 주님께서 오른뺨을 맞는 경우에 대해서 말씀하고 있다는 사실입니다. 두 사람이 마주서 있는 상황을 한번 상상해 보십시오. 상대방의 오른뺨을 때리려면 왼손으로 쳐야 합니다. 그러나 대부분의 사람들은 오른손잡이여서 오른뺨을 때리기가 쉽지 않습니다. 그러므로 예수님이 "왼뺨을 때리면" 하고 말씀하셨다면 보다 자연스럽게 들렸을 것입니다. 그럼에도 예수님이 굳이 오른쪽 뺨을 맞는 경우에 대해 말씀하신 이유가 무엇일까요?

우리가 그 이유를 알기 위해서는 오른손잡이가 굳이 오른뺨을 때리고자 한다면 부득불 손등을 쓸 수밖에 없다는 사실을 기억할 필요가 있습니다. 그 당시의 상황으로 볼 때 손바닥으로 뺨을 맞는 것도 인격적인 모욕이지만, 손등으로 뺨을 맞는 것은 두세 갑절 이상의 모욕이었습니다. 바로 이것입니다. 예수님은 지금 우리가 인격적인 모욕을 받을 수 있는 최악의 경우에 대해서 말씀하고 계신 것입니다.

세상을 살다 보면 이처럼 도저히 참을 수 없는 인격적인 모욕을 당할 때가 가끔 있습니다. 어떤 경우에는 본의는 아니었다 해도 서로가 인격적인 모욕을 주고받을 수밖에 없는 경우도 생깁니다. 이럴 때 하나님의 자녀로서 우리는 어떻게 해야 할까요? 이에 대한 예수님의 대답은 지극히 간단합니다. "왼편을 돌려 대라!" 어떤 분들은 오른뺨을 맞을 때 왼뺨을 돌리는 것이 하나님의 자녀다운 처신이라고 하니까 진짜로 왼뺨을 돌려 댈지도 모릅니다. "자. 내가 이런 모욕도 당했는데 그보다 못한 이 정도야. 때려라. 때려!" 그래서 한 대 더 맞으면 그것으로 주님의 말씀에 순종했다고 생각할지 모릅니다.

그러나 예수님은 그렇게 처신하라고 말씀하신 것이 아닙니다. 왼뺨을 돌려 대라는 말은 자기를 모욕하는 자들을 온유한 자세로 대하고 그들에게 관용을 베푸는 덕스러운 행동을 비유로 표현한 것입니다. 예수님께서는 자기를 모욕하고 침을 뱉고 때리는 자들을 용서하고 오히려 그들을 위해서 기도해 주셨습니다. 우리도 그렇게 하라는 것입니다. 이게 바로 왼뺨을 돌려 대라는 말씀의 참 의미입니다.

그러나 우리 중에 과연 이 말씀 대로 살 수 있는 사람이 누가 있겠습니까? 가령, 제가 어떤 상황에서 잘못한 것이 하나도 없는데 인격적으로 심한 모욕을 당했다고 해봅시다. 이때 제가 취할 수 있는 태도는 두 가지 중에 하나일 것입니다. 정말 예수님의 말씀에 순종해서 하나님의 자녀답게 처신을 하든지, 아니면 윗도리 벗어 놓고 내가 무얼 잘못했느냐며 대들든지 하는 것입니다. 그런데 그만 제가 참지 못하고 인격을 모독한 그 사람에게 잘잘못을 따져 보자면서 대들고 소리를 지른다고 해봅시다. 제삼자가 볼 때 제가 목사 같아 보이겠습니까?

문제는 바로 여기에 있습니다. 하나님은 우리가 세상에서 당신의 자녀답게 살지 못하는 것을 매우 싫어하십니다. 이것은 우리 부모님들도 마찬가지가 아닙니까? 자기 자식이 그래도 고상한 집안에서 태어났으면 고상한 집안의 자녀답게 품위 있게 행동하기를 바라지 않습니까? 버릇없이 자란 애들처럼 행동하는 것을 좋아하는 부모는 아무도 없을 것입니다. 하나님 역시 우리가 세상 사람들에게 하나님의 자녀다운 모습을 보여 주길 바라십니다. 그런데 만약 우리가 아무리 잘했다고 해도 악으로 악을 갚는 식으로 그들을 대하면 하나님의 자녀로서의 품위를 완전히 잃어버리고 말 것입니다.

겉옷까지 주라!(최소한의 권리를 빼앗길 위기에 처했을 때)

두 번째 예는 속옷을 가지고자 하는 자에게 겉옷까지 주라는 것입니다(40절). 이것은 최소한의 권리마저 빼앗길 위기에 처할 때 하나님의 자녀가 어떠한 태도를 취해야 하는지를 말하는 것입니다. 예수님은 법적인 힘을 빌린 자에 의해 송사를 당하여 속옷까지도 빼앗길 비참한 상황에 빠진 어떤 사람에 대해서 말씀하십니다. 우리는 그가 어떤 이유로 법정에까지 서야 했는지 모릅니다. 그러나 떳떳하든 억울하든 간에 그는 지금 빈털털이가 될지도 모르는 궁지에 몰려 있습니다.

당시의 속옷은 오늘날 우리가 입는 것처럼 오밀조밀하게 잘 재봉된 옷이 아닙니다. 위로부터 아래로 한 번 입으면 되게끔 만들어진 옷이었습니다. 대부분의 가난한 사람들은 옷이라고는 겉옷 한 벌과 속옷 두 벌밖에 가지고 있지 않았습니다. 유대 나라 사람들은 자신이 가난해도, 어떤 혐의를 받는 죄인이라 해도 속옷과 겉옷을 끝까지 소유할 수 있는 권리를 보장받고 있었습니다. 만약 이것들마저 빼앗긴다면 그야말로 최악인 것입니다.

그런데 본문에서 예수님은 속옷을 빼앗긴 경우에 대해서 말씀하시지 않습니까? 어쩌면 그 정도는 그래도 괜찮을지 모릅니다. 겉옷이 있으니까 몸을 가릴 수 있기 때문입니다. 그러나 주님은 겉옷마저 내놓아야 할 형편에 몰리면 연연하지 말고 그것마저도 내주라고 말씀하셨습니다. 우리로서는 참으로 이해하기 힘든 말씀입니다. 예수님 당시는 웬만한 사람들이 아니면 겉옷은 한 벌밖에 없었습니다. 한 벌로 거의 평생을 살다시피 하다 보니 변색도 되고 헝겊을 대서 여기저기 기워 입고 다녀야 할 형편이었습니다. 특히 가난한 자들에게 이 겉옷은 낮에는 자기 몸을 가리는 외투요, 밤에는 추위에서 자기 몸을 보호하기 위해서 덮는 이불입니다. 그래서 하나님은 특별히 가난한 자를 생각하셔서 출애굽기 22장 26절에서 이렇게 말씀하시기도 했습니다. "네가 만일 이웃의 옷을 전당 잡거든 해가 지기 전에 그에게 돌려보내라."

가난한 사람들이 궁지에 몰리면 배고픔을 이기지 못하여 하나뿐인 겉옷을 전당포에 맡기고 몇 푼을 얻어서 입에 풀칠을 하는 경우가 있었습니다. 그럴 때 전당포 주인은 해가 지기 전에 그 옷을 다시 돌려 주어야 한다는 것입니다. 돈을 갚지 못해도 그 옷을 돌려 주어야 합니다. 27절에 그 이유가 나와 있습니다. "그 몸을 가릴 것이 이뿐이라 이는 그 살의 옷인즉 그가 무엇을 입고 자겠느냐 그가 내게 부르짖으면 내가 들으리니 나는 자비한 자임이니라." 겉옷이 없으면 그 사람은 밤새도록 떨고 앉아 있을 것이요, 잠을 자지 못하고 떨고 있을 때 그 사람은 하나님을 향해 부르짖을지도 모릅니다. 그러면 하나님이 그의 사정을 듣고 전당포 주인을 가만 안 두실 것이라는 말입니다. 이 만큼 겉옷은 중요한 것입니다.

그러므로 속옷까지 빼앗길 때 겉옷까지 내어 주라는 말씀은 나에게 있는 최소한의 권리, 마지막 권리까지도 완전히 포기하라는 의미로 볼 수 있습니다. 우리 주변에는 자기가 먹던 밥그릇까지 전부 빼앗기는 끔찍한 비극을 겪는 사람들이 많이 있습니다. 요즘, 한 사람이 부도를 내면 연쇄

적으로 부도가 나고 억울하게 피해를 입는 사람들이 얼마나 많습니까? 바로 이와 같은 위기에 처할 때 하나님의 자녀는 어떻게 해야 할까요? 시시비비를 가려 보자며 끝까지 싸우면서 법정에다 고소에 고소를 거듭할까요? 아닙니다. 예수님은 이렇게 말씀하십니다. "다 내어 주라!" 다 내줘 버리고 하나님을 바라보라는 것입니다. 바로 이것이 하나님의 자녀다운 모습입니다.

사실, 제가 보기에도 예수 믿는 사람들이 너무 권리 행사를 하면 하나님의 자녀답게 보이지 않습니다. 목사가 자꾸 자기 권리만 행사한다고 생각해 보십시오. 목사답게 보이겠습니까? 그렇지 않습니다. 예수 믿는 사람들이 세상에 살면서 법에 너무 밝아서 심심하면 소송을 하고 난리 법석을 떤다면 전혀 신자답지 못합니다. 저는 자기 것을 송두리째 다 빼앗기지 않을 수 없는 절박한 상황에서 발악을 했기 때문에 끝내 빼앗기지 않았다고 하는 사람을 단 한 명도 보지 못했습니다. 결국에는 다 빼앗기고 마는 것입니다. 결국 그렇게 될 상황이라면 오히려 하나님의 자녀다움을 보여 주어야 하지 않겠습니까? 큰맘 먹고 포기하고 양보합시다. 그리고 하나님을 바라보고 모든 것을 맡깁시다. 그러면 하나님이 그 아름다운 모습을 보시고 은혜를 베푸실 것입니다.

그러나 우리 중에 이러한 교훈을 따라 그대로 살려고 하는 사람이 과연 몇이나 될까요? 저는 이런 최악의 경우를 당해 보지 못해서 무엇이라고 말할 수 없습니다만, 우리는 이 말씀을 마음에 분명히 새겨 두어야 합니다. 양보해야 할 때는 양보해 버립시다. 하나님의 자녀답지 못하게 사는 것보다는 차라리 양보하고 하나님의 자녀답게 사는 것이 백 배 천 배 더 낫습니다.

십리를 동행하라!(자유를 속박당할 때)

세 번째 예는 억지로 오 리를 가게 하거든 그 사람과 함께 십 리를 동행하라는 것입니다. 이것은 자유를 속박당할 때 하나님의 자녀가 마땅히 취해야 할 태도를 말합니다. 예수님은 어떤 사람이 우리에게 억지로 오 리를 가게 하는 경우에 대해서 말씀하십니다. 이 말씀은 당시의 시대적 배경을 알지 못하면 이해하기 어렵습니다. 당시는 로마 제국 시대임을 기억할 필요가 있습니다. 당시 로마 군인들은 상당히 세도가 당당했습니다. 그래서 길 가는 시민을 아무나 붙들어 강제로 일을 시킬 수 있었습니다.

특히 어떤 사람에게 짐을 지고 가게 하고자 할 때 적어도 약 1마일 정도의 거리를 강제로 짐을 지워 가게 할 수 있는 권한이 있었다고 합니다. 이 때는 하고 싶지 않아도 복종해야 되는 것입니다. 우리는 이미 성경에 기록되어 있는 좋은 예 하나를 알고 있습니다. 예수님이 십자가를 지고 골고다에 오르실 때 너무 기진맥진 하셔서 그 형틀을 지고 발을 옮길 수 없게 되자 로마 군인이 가까이에 있던 건강한 남자 하나를 불러서 억지로 그 십자가를 정상까지 지고 가게 했다는 것을 우리는 알고 있습니다. 예수님은 바로 이런 상황을 말씀하시는 것입니다.

세상을 살다 보면 우리가 좋아하는 일만 골라 하며 살 수는 없습니다. 경우에 따라서는 싫은 일도 해야 되고, 억지로 끌려가면서 따라가야 할 때도 있습니다. 이웃 관계도 그렇고 대인 관계도 그렇습니다. 그런 일을 당할 때 내가 싫으니 끝까지 못하겠다고 고집한다면 하나님의 자녀답다고 보기 어려울 것입니다. 누군가 원하면 나 자신의 의사와는 관계없이 봉사해야 합니다. 그리고 한 수 더 떠서 원하는 것보다 조금 더 해주는 너그러움을 보여야 합니다. 다시 말해, 오 리를 가자고 하면 십 리까지 가주라는 것입니다. 그럴 때 하나님은 우리를 당신의 자녀답다고 생각하실 것입니다.

　이와 같은 삶의 원칙에 입각해서 살기 위해 얼마나 노력하고 있습니까? "하늘에 계신 너희 아버지가 용서하고, 포용하고, 희생하고 사랑해 주는 일에 온전하신 것처럼 너희도 온전하라!" 하나님은 우리가 이렇게 살기를 기대하고 계십니다. 그러므로 "이 말씀은 너무 이상론이야"라고 말하면서 그냥 넘겨서는 안됩니다.

　오늘날 한국 교회의 천만 성도들이 비록 완전하게 실천하지는 못한다 할지라도 이 말씀대로 살아 보려고 매일 몸부림쳤다면 교회의 이미지가 이 정도로 나빠지지는 않았을 것입니다. 예수 믿는 사람들이 세상 사람들의 발밑에 짓밟히는 이런 기가 막힌 비극은 피할 수 있었을 것입니다. 우리가 비록 이 말씀의 정상까지 올라가지는 못한다 해도 중간 턱이라도 올라가려고 자제하고, 양보하고, 희생하고, 포용하고, 용서하며 살았더라면 오늘 우리 주변에 예수님을 믿으려고 찾아오는 사람들이 더 많아졌을 것입니다. 그로 인해 하나님은 더 큰 영광을 받으셨을 것입니다. 우리가 세상 사람들 앞에 하나님의 자녀다운 모습을 더 멋지게 보여 줄 수 있었을 것입니다.

　그러나 불행하게도 세상 사람들은 우리 예수 믿는 사람들을 보고 이렇게 말합니다. "예수 믿는 사람이 더 지독해." "예수 믿는 사람이 더 악질이야." "예수 믿는 사람이 더 믿을 수 없어." "예수 믿는 사람이 더 욕심장이야." 우리가 억울한 누명을 쓰는 경우도 없지는 않지만, 이런 비난을 남의 이야기처럼 들어서는 안될 것입니다. 만일 우리가 이 말씀의 원칙에 입각해서 살아 보려는 노력조차 하지 않는다면 하나님의 자녀로서의 삶을 포기하는 것이나 다름없을 것입니다. 이 땅 위에 일억 명이 산다 해도 이런 크리스천을 통해서는 하나님께서 영광 받으실 수 없습니다. 또한 이런 크리스천들이 모이는 교회가 이 땅에 수십만 개 있다 해도 세상 사람들에게 짓밟히는 악순환은 반복될 수밖에 없을 것입니다.

한 가지 분명한 것은 이러한 기대에 걸맞게 사는 것은 우리 힘만으로는 안된다는 것입니다. 성령 안에서 중생하고 새사람 된 사람만이 그렇게 살 수 있습니다. 하나님의 말씀을 날마다 가까이 두고 그 말씀을 통해서 은혜를 받으려는 사람만이 가능합니다. 예수님의 모범을 항상 바라보며 그의 걸어가신 길을 한 발짝 한 발짝 따라가려는 사람이라야 가능합니다. 십자가에 자기의 옛 사람을 철저하게 못박은 사람이라야 가능합니다. 조지 뮬러처럼 자아가 그리스도 안에서 완전히 죽어야 합니다. 그는 이렇게 고백했습니다.

"나 조지 뮬러가 철저하게 죽어 버린 날이 있었다. 우선 나는 나 자신에 대해서 완전히 죽었다. 나의 주견, 내가 좋아하는 것, 나의 취미, 나의 뜻, 나는 이 모든 것에 대해서 죽었다. 그뿐 아니라 나는 세상에 대해서도 철저하게 죽었다. 사람들이 나를 칭찬하느냐 아니면 비난하느냐, 나를 지지하느냐 아니면 나를 거역하느냐 하는 그런 문제에 대해서 나는 완전히 죽었다. 심지어 나의 형제들과 친구들이 나를 좋게 보느냐 아니면 나를 나쁘게 보느냐 하는 그런 문제에 대해서도 나는 완전히 죽어 버렸다. 이렇게 죽은 다음부터 나는 오로지 나 자신이 하나님께서 보시기에 합당한 사람이 되는 일에만 골몰할 수 있게 되었다."

우리 모두가 높은 이상을 바라보며 하나님의 자녀답게 살려고 부단히 노력할 때 하나님은 우리를 통해 영광 받으실 것입니다. 혹시 마음속에 원한이 있습니까? 보복하지 못해서 생긴 응어리들이 있습니까? 마음속에 끓어오르는 분노가 있습니까? 이 모든 것을 성령의 능력으로 완전히 씻어 버립시다. 우리가 내 권리와 내 자유, 내 인격, 항상 나만 생각하는 이 아집에서 해방되어 오직 하나님의 자녀답게 살려고 몸부림칠 때, 우리에게서 아버지 되신 하나님을 닮은 모습이 나타난다는 사실을 분명히 알아야겠습니다.

그리스도인의 사전에는
낙심은 없습니다

그러므로 우리가 낙심하지 아니하노니 겉사람은 후패하나 우리의 속은 날로 새롭도다 우리의 잠시 받는 환난의 경한 것이 지극히 크고 영원한 영광의 중한 것을 우리에게 이루게 함이니 우리의 돌아보는 것은 보이는 것이 아니요 보이지 않는 것이니 보이는 것은 잠깐이요 보이지 않는 것은 영원함이니라. 고린도후서 4 : 16~18

하나님은 어려움을 통해 우리가 영원한 나라의 영광을 바라보게 하십니다. 그리고 세상의 문제를 바라보는 내 마음의 눈의 배경을 하나님 나라의 영광으로 바꾸십니다. 하나님은 문제를 통해서 우리를 더 멋있는 노래로 하나님을 찬양할 수 있는 그리스도인으로 만들고 계십니다.

하나님은 당신의 자녀를 다루실 때 주로 두 가지 방법을 사용하십니다. 하나는 우리의 요구를 들어주시는 방법입니다. 우리가 기도하는 대로 다 들어주시고, 우리가 필요한 것마다 채워 주시고, 우리가 원하는 것을 모두 주시는 것입니다. 다른 하나는 우리가 원하는 것을 들어주시지 않는 방법입니다. 우리의 요구를 들어주는 대신 우리가 더욱 가치 있고 차원 높은 것에 눈을 돌리도록 만드시는 것입니다.

그러므로 혹시 예수 믿는 것을 우리의 욕구를 충족시키는 수단쯤으로 생각하고 있는 사람이 있다면 하나님의 뜻을 근본적으로 잘못 이해하고 있는 것입니다. 우리가 믿음으로 기도하고 간구하면 무엇이든지 100퍼센트 응답 받아야 신앙의 절정이라 생각하는 것은 크나큰 오해입니다. 이것은 예수 믿는 자는 뭐든지 다 잘되어야 한다는 싸구려 축복론과 다를 바 없습니다.

"털어서 먼지 안 나는 사람 없다"는 말처럼 낙심케 할 만한 문제와 고통을 가지고 있지 않은 사람은 이 세상에 아무도 없습니다. 우리 역시 예외가 아닙니다. 예수를 믿는다고 해서 모든 문제가 다 사라지는 것은 아니기 때문입니다. 하나님은 한 번도 그런 약속을 하신 적이 없습니다. 그럼에도 불구하고 많은 사람들이 낙관적인 생각을 가지고 신앙생활을 시작했다가 이러한 현실의 벽에 부딪힐 때 쉽게 낙담하는 것을 자주 봅니다.

사도 바울을 보십시오. 그는 우리보다 몇 갑절이나 은사를 더 많이 받은 사람입니다. 그는 기도할 때마다 하나님이 놀랍게 응답해 주셨던 기도의 사람입니다. 그럼에도 불구하고 그가 일생 동안 고통스러운 일을 얼마나 많이 당했습니까? 고린도후서 4장 8~9절을 보십시오. 그는 거의 날마다 사방으로 우겨쌈을 당했습니다. 답답한 일을 당한 것도 한두 번이 아닙니다. 그는 복음을 전하다가 돌팔매질을 여러 번 당했고, 매도 수없이 맞았으며, 감옥 드나들기를 밥먹듯 했습니다. 이와 같이 극심한 핍박을 받고 거꾸러뜨림을 당하는 바울을 보면 예수 그리스도의 죽음을 대신 짊어지고 가는 사람처럼 보입니다.

바울처럼 믿음이 좋고 기도도 많이 하는 사람이 왜 이토록 많은 문제를 안고 인생을 살아야 합니까? 그가 선교사였기 때문일까요? 절대 그렇지 않습니다. 만약 그렇다면 선교사 아닌 사람은 기도할 때마다 무엇이든 다 응답 받아야 하지 않겠습니까? 솔직히 말해서 우리가 아무리 믿음이 좋고 기도를 많이 한다 해도 문제가 그대로 남아 있는 경우가 많습니다. 하나님이 안 계신 것일까요? 하나님의 능력이 부족한 것일까요? 성경 말씀이 거짓된 것일까요? 아니면 나의 믿음이 잘못된 것일까요? 그렇지 않습니다.

성경을 좀더 냉정하게 읽어 보십시오. 하나님께서 믿음의 사람을 여전히 문제와 고통 속에 있게 하시는 데는 특별한 목적과 이유가 있기 때문이라는 사실을 알게 될 것입니다. 그러므로 우리가 당하는 문제와 고통 앞에서 낙심치 않기 위해서는 그 이유를 분명히 알아야 합니다. 그런 의미에서 우리는 본문 말씀을 통해서 들려 주시는 하나님의 음성에 귀기울여야 할 것입니다. 사도 바울은 자신이 당하고 있는 세 가지 문제를 예로 들면서 그럼에도 불구하고 우리가 낙심치 말아야 할 분명한 이유가 있음을 말해 주고 있습니다.

날로 새롭게 되는 속사람

"그러므로 우리가 낙심하지 아니하노니 겉사람은 후패하나 우리의 속은 날로 새롭도다." 바울은 겉사람이 후패하는 것을 말합니다. 여기에서

'후패한다'는 것은 '점점 시들어 간다'는 뜻입니다. 우리의 몸이 한때는 아름답고 윤기가 흘러 넘칩니다. 그러나 나이와 함께 그 청춘의 영광은 시듭니다. 그래서 나이가 들면 거울에 비친 자기 얼굴을 들여다보면서 '이제 늙는구나!' 하는 탄식을 절로 하게 되는 것입니다.

고린도후서를 기록할 당시 바울은 40대 후반 내지 50대 초반이었습니다. 누구나 40대 후반이 되면 늙는 데 대한 안타까움이 생기지 않습니까? 바울처럼 탁월한 믿음의 인물도 늙는 것에 대한 아쉬움이 있었던 것 같습니다. 인간이기 때문에 그렇습니다. 아무리 안 그런 척하려고 해도 인간은 자신이 늙어 가는 것에 대한 아쉬움을 숨기지 못하는 것입니다. 늙는 것을 좋아할 사람은 아무도 없기 때문입니다.

언젠가 "더 늙기 전에 즐기고 살자"라고 하는 것을 인생의 모토로 삼고 있는 사십대 초반의 어떤 부인을 만난 적이 있습니다. 그녀는 즐길 줄 모르는 사람은 인생의 맛을 모르는 사람이라고 하며, 자신은 늙기 전에 마음껏 놀고 마음껏 즐기겠노라고 웅변을 토했습니다. 그가 애써 자신의 모토를 강조하는 것을 보며 참 서글픈 마음이 들었습니다. 그가 목청을 높일수록 속으로 늙는 것을 얼마나 안타까워하고, 두려워하고 있는지 엿볼 수 있었기 때문입니다.

우리는 바울 사도를 본받아야 합니다. 우리의 겉사람은 반드시 후패하게 되어 있습니다. 다시 말해 우리가 늙는다는 것은 피할 수 없는 사실입니다. 그럼에도 우리는 낙심할 필요가 없습니다. 왜냐하면 우리의 겉사람이 후패할지라도 속사람은 날로 새롭게 되기 때문입니다. 쉽게 말해, 나이를 먹어 감에 따라 우리의 영적 자아가 날마다 새로워지는 것입니다. 우리 안에 심겨진 영원한 생명의 씨앗은 시간이 지날수록 더욱더 왕성하게 자랍니다. 나이가 지긋한 사람 가운데 신앙이 좋은 사람이 많은 것은 바로 이 때문이 아닌가 합니다. 젊은 사람들은 신앙의 연륜이 짧기 때문에 안정성이 없습니다.

그러나 나이가 들수록 신앙이 터를 굳게 잡고 뿌리를 깊이 내려 속사람이 하나님과 대면하는 차원이 깊어지게 됩니다. 영적인 교제가 심오해집니다. 속사람이 이처럼 풍성한 영적 삶을 누릴 수 있다면 겉사람이 조금 쇠하여 가는 것이 무슨 상관이겠습니까? 겉사람이 아름다움을 잃어갈수록 속사람은 날로 더 아름다워진다는 것을 믿음으로 확인하십시오. 나이로 인해서 젊음이 점점 서글픔과 탄식으로 바뀌어 갈수록 속사람의 세계는 하나님으로 인해서 더 풍성해진다는 사실을 확인하십시오. 그럴 때에 우리는 낙심하지 않게 될 것입니다.

저는 시골에서 자라면서 소나무를 많이 보았습니다. 소나무는 큰 나무가 되기 전에는 껍질이 반들반들하고 보기가 좋지만 크게 자랄수록 껍질이 벗겨지고 쪼개지면서 진이 흘러내려 보기 흉해집니다. 그러나 저는 이 소나무를 보면서 중요한 진리 하나를 깨닫습니다. 어린 소나무는 겉이 반들반들하고 아름답게 보이지만 속은 약합니다. 그러니까 미려한 껍데기가 그것을 감싸는 것입니다. 사람도 마찬가지입니다. 겉이 아름답고 활기가 넘치는 것처럼 보이는 사람은 속사람이 약할 때가 많습니다. 겉사람 때문에 너무 마음쓰지 마십시오. 중요한 것은 겉사람이 아니라 속사람입니다. 한편 소나무가 좀더 나이를 먹으면 속이 알차게 됩니다. 그렇기 때문에 껍질이 벗겨지고 터져 나가도 그렇게 큰 영향을 받지 않습니다. 속이 든든해졌기 때문입니다.

우리가 나이를 먹을수록 겉사람은 후패할지 모르지만 속사람은 믿음과 더불어 튼튼하게 자랍니다. 그러므로 우리는 겉사람이 후패한다는 사실에 오히려 더 기뻐하고 감사해야 할 것입니다. 겉사람을 잘 꾸며 보겠다고 비싼 외제 화장품을 사서 바를 궁리를 하고 계십니까? 좀더 젊고 아름답게 보이려고 성형수술할 생각을 하고 계십니까? 차라리 그 정성으로 속사람을 아름답게 가꾸십시오. 우리의 겉사람은 결국 주름지게 마련입니다.

현실의 문제는 내세의 영광을 위한 수단이다

"우리의 잠시 받는 환난의 경한 것이 지극히 크고 영원한 영광의 중한 것을 우리에게 이루게 함이니." 우리가 보기에 바울은 낙담할 만한 일들이 너무나 많았습니다. 그에게는 육신의 가시가 있었습니다(고후 12:7). 그는 안팎으로 여러 가지 어려운 일들을 수도 없이 당했습니다. 그러나 바울은 결코 낙망하지 않았습니다. 그는 자기가 현실적으로 받는 고통과 문제들을 '잠시 받는 것'으로 보았습니다. 오히려 '가벼운 것'으로 여겼습니다.

우리 역시 현실 속에서 여러 가지 문제와 고통을 당할 수 있습니다. 그러나 그렇다 해도 낙심할 필요가 전혀 없습니다. 왜냐하면 그것들은 영원한 내세의 영광과는 비교도 안될 정도로 순간적이고 가벼운 것들에 불과하기 때문입니다.

우리가 어떤 관점을 가지고 세상을 보느냐 하는 것은 대단히 중요합니다. 이것은 그림의 배경과도 같은 것입니다. 배경이 전혀 없다면 두더지가 파놓은 흙더미가 산처럼 보일 수도 있습니다. 그림을 볼 때 배경을 모르면 그 그림을 제대로 이해하기 어려운 것입니다. 바로 이러한 의미에서 나에게 닥쳐오는 문제와 고통을 바라보는 관점은 우리 생각의 배경이 되는 것입니다. 문제를 바라보는 여러분의 배경은 무엇입니까? 현실입니까? 아니면 영원한 하늘 나라 영광입니까?

만일 우리의 배경이 달라진다면 현실을 보는 눈 역시 완전히 달라질 것입니다. 하나님이나 내세의 소망이 없이 이 세상 문제를 바라보면 참담하게 느낄 수밖에 없습니다. 예수 그리스도에 대해 아는 것도 없고 현재 삶에 대한 목적과 의미도 모르는 사람이 세속적인 생각의 배경만 가지고 이 세상 문제를 쳐다볼 때 얼마나 막연하고 암담한 생각이 들겠습니까? 그러므로 우리가 어떤 배경을 가지느냐는 이처럼 중요한 것입니다.

크리스천이 세상 사람들과 다른 점은 정확하고도 분명한 배경을 가지고 있다는 것입니다. 그 배경은 바로 하나님입니다. 주님을 통해서 발견한 영원한 내세입니다. 보이지 않는 내세가 그리스도인들의 생각의 배후를 좌우하는 것입니다. 이 내세를 배경으로 현실을 바라보기 때문에 문제를 바라보는 관점이 세상 사람들과는 다를 수밖에 없는 것입니다.

우리의 배경은 현실의 것이 아닙니다. 주님과 함께 누릴 영원한 영광입니다. 로마서 8장 17절을 보십시오. 우리가 당하는 고난을 무슨 배경 앞에 놓고 보아야 하는가를 명료하게 말씀하고 있습니다. "우리가 그와 함께 영광을 받기 위하여 고난도 함께 받아야 될 것이니라."

내세의 영원한 영광을 다음과 같이 세 가지로 볼 수 있습니다. 첫째는 우리가 거룩하고 흠 없는 아들로 하나님 앞에 설 존재라는 것입니다. 에베소서 1장 4절 이후의 말씀인데, 장차 우리 주님이 오실 때 우리는 부활할 것입니다. 그리고 거룩하고 흠이 없는 하나님의 아들로서 주님 앞에 서게 될 것입니다. 눈을 감고 그 영광스러운 모습을 상상해 보십시오. 우리가 장차 이러한 영광을 누리게 될 것입니다.

또 하나는 완전한 행복입니다. 요한계시록 21장 3절 이하를 보면, 하나님과 함께 영원히 거하면서 하나님이 우리의 눈에서 눈물을 씻겨 주심으로 인해서 다시는 애통하는 것이 없고 죽음도 없고 곡하는 것이나 아픈 것이 없는 완전무결한 행복이 나옵니다. 이것이 바로 우리가 장차 누릴 영광입니다.

마지막으로는 완전한 보복입니다. 원수 갚는 것을 말합니다. 하나님은 우리에게 원수 갚지 말라고 하셨습니다(롬 12:19). 왜냐하면 하나님이 마지막 때 우리 대신 모든 원수를 갚아 주실 것이기 때문입니다. 여러분 가운데는 예수 믿기 때문에 억울한 일을 당하신 분들이 있을 것입니다. 직장에서 청렴결백하게 일하려다가 오히려 그것 때문에 밀려나고 손해를 보신 분들도 있을 것입니다. 사업을 정직하게 하다가 그것 때문에 오히려 망하게 될 수도 있습니다. 이웃에게 호의를 베풀다가 그가 선을 악으로 갚는 바람에 손해를 단단히 본 사람도 있을 것입니다. 이외에도 우리가 의롭게 살려고 하다가 불이익을 당하는 경우가 얼마나 많습니까? 그러다 보면 우리 마음속에 이런 원한이 생기게 되는 것입니다. '왜 악한 자들은 저렇게 성공하고 잘 되는데 의롭게 살려고 하는 자는 고통을 당할까? 왜 이 세상은 모순 투성이일까?'

그러나 하나님은 반드시 그 모든 원한을 다 풀어 주실 것입니다. 악인들이 일생 동안 범했던 죄악을 자기 입으로 토해 놓고 성도들을 괴롭히던 사탄이 사정없이 허리를 꺾인 채 음부에 떨어지고, 거룩한 자녀들로 하여금 피를 흘리게 하던 무수한 살인마들이 모두 지옥으로 향하는 그날, 마지막 보복이 성도들의 눈앞에서 이루어지는 것입니다. 그 보복은 그들에게는 더할 수 없는 저주겠지만 우리에게는 엄청난 영광이 됩니다.

눈을 감고 마지막 날에 이루어질 그 모든 일들을 생각해 보십시오. 그러면 우리도 바울처럼 현재 당하는 고통이나 어려움들을 "지나가는 것!" 하고 일축해 버릴 수 있습니다. 나중에 주실 영광과는 비교도 안될 정도로 가벼운 것으로 받아들일 수 있습니다.

하나님께서는 지혜로운 분이시기 때문에 필요하다고 판단하실 때는 우리가 현실에서 겪는 문제와 고통을 전부 제거해 주시지 않고 부분적으로 남겨 놓으실 때가 있습니다. 몇 년 동안 어떤 문제를 놓고 기도해도 안 들어 주시는 경우도 있습니다. 예수를 잘 믿는데 여전히 가난할 수도 있습니다. 믿음으로 바로 한다고 했는데 사업에서 실패할 수도 있습니다. 모든 것이 해결된다는 것은 거짓말입니다. 아무리 하나님 앞에 매달려도 못 들으신 것이 아닌가 할 정도로 가만히 계실 때도 있는 것입니다. 그럴 때 우리는 이렇게 호소하지 않습니까? "하나님 왜 나에게 이와 같은 문제와 고통이 떠나지 않고 나를 엄습합니까? 내 믿음이 적은 것입니까? 하나님, 정말 계시기는 하신 것입니까?"

그러나 우리의 믿음이 적어서도 아니고 하나님이 안 계셔서 그런 것도 아닙니다. 하나님이 우리에게 문제와 고통을 남겨 두시는 것은 우리의 눈을 영원한 영광으로 돌리게 하시기 위해서입니다. 캄캄한 가운데서도 우리로 하여금 놀라운 은혜를 받게 하시기 위해서입니다.

우리 중에는 문제와 고통 때문에 하나님을 믿게 된 사람들이 많습니다. 만약 하나님께서 문제와 고통을 다 거두어 가셨다면 우리는 아마 예수를 안 믿게 되었을지도 모릅니다. 어디 그뿐입니까? 하나님의 자녀가 된 후에도 문제가 아직 그대로 남아 있는 경우를 자주 봅니다. 그 이유가 무엇이라고 생각합니까? 그 문제를 조개 안의 모래알처럼 사용하셔서 영롱한 빛을 발하는 한 알의 진주처럼 만들고 싶으시기 때문입니다.

어느 책에서 읽은 이야기 하나가 생각납니다. 어떤 사람이 새를 한 마리 키우고 있었습니다. 이 새는 참 아름답게 노래하는 새입니다. 그런데 참 이상하게도 이 새는 새장 안에 빛이 조금이라도 들어오면 노래를 부르지 않았습니다. 간혹 노래를 부를 때가 있어도 주인이 원하는 노래를 들려주지는 않았습니다. 그래서 그 주인은 노래를 듣고 싶을 때면 까만 천으로 새장을 완전히 싸서 아주 캄캄하게 만들어 주었습니다. 그렇게 하면 틀림없이 그가 듣고 싶어했던 청아한 가락이 캄캄한 새장에서 흘러나오는 것을 들을 수 있었다고 합니다.

아무 빛도 들어오지 않고 숨통이 막힐 것 같은 답답한 상황 속에서도 아름다운 노래를 부르는 새처럼 우리 역시 문제와 어려움과 고통으로 인해 온 천지가 캄캄해졌을 때에야 영원한 나라를 향하는 눈이 열려서 하나님을 찬양하는 놀라운 찬송을 부르게 되는 것입니다. 하나님은 우리가 값싸게 밝은 천지에서 마음껏 향락을 누리며 값싼 찬송을 하는 것을 원치 않으십니다. 차라리 우리가 가진 것들 가운데 얼마를 빼앗고 우리를 캄캄한 상황으로 몰아넣으심으로써 그 속에서 우리의 영안이 열려 하나님을 찬송하기를 원하고 계십니다.

발칸 반도의 장미는 다른 장미들과는 비길 수 없는 최고의 향기를 가지고 있다고 합니다. 저는 제임스 크릴멘이라는 사람이 발칸 반도를 여행하고 나서 쓴 글을 읽은 적이 있습니다. 그는 발칸 반도를 여행하면서 그 곳의 장미 향기가 왜 그렇게 독특한지 그 이유를 알고 싶어서 장미를 재배하고 채취하는 과정을 유심히 관찰해 보았다고 합니다. 그때 그는 한 가지 놀라운 사실을 발견했습니다. 사람들이 밤 1시부터 2시 사이, 즉 가장 캄캄할 때에만 장미를 채취한다는 사실입니다. 그는 처음에는 그렇게 하는 것이 일종의 미신 때문일 것이라고 생각했습니다. 그러나 나중에 알고 보니 그렇게 하는 데는 상당히 과학적인 이유가 있었는데, 그것은 낮에는 장미의 향기가 40퍼센트 감소된다는 사실이었습니다. 발칸 반도의 장미는 가장 어두운 야밤에야 비로소 최고의 향취를 뿜어내는 것입니다.

하나님 앞에서 아름다운 향기를 풍기는 성도들을 보십시오. 그들은 세상을 살면서 자주 고통하며 씨름하는 인생의 어두운 밤을 걸어가는 사람들입니다. 어쩌면 그러한 암담한 상황이 없었다면 그들은 향기보다 썩는 냄새를 피웠을지도 모릅니다.

하나님이 기도를 들어주시지 않는다고 낙심하지 마십시오. 기도를 들어주실 때도 있지만 안 들어주실 때 역시 많은 것입니다. 그러나 바로 그러한 때 하나님은 더 큰일을 하고 계십니다. 예수를 믿어도 문제가 떠나지 않습니까? 절대 낙심하지 마십시오. 때가 되면 하나님이 반드시 그 문제를 해결해 주실 것입니다. 그러나 해결해 주시지 않을 때는 하나님이 더 큰일을 하고 계신다는 것을 기억하십시오. 하나님은 그러한 어려움을 통해 우리가 영원한 나라의 영광을 바라보게 하십니다. 그리고 세상의 문제를 바라보는 내 마음의 눈의 배경을 하나님 나라의 영광으로 바꾸십니다. 하나님은 문제를 통해서 우리를 더 멋있는 노래로 하나님을 찬양할 수 있는 그리스도인으로 만들고 계십니다. 더 아름다운 향기를 발하게 하시려고 우리를 암담한 상황 속에 밀어 넣으시는 것입니다.

보이는 것은 잠깐이나 보이지 않는 것은 영원하다

"우리의 돌아보는 것은 보이는 것이 아니요 보이지 않는 것이니 보이는 것은 잠깐이요 보이지 않는 것은 영원함이니라." 많은 경우 우리는 눈에 보이는 것을 가지지 못해 안타까워합니다. 정말 가지고 싶지만 아무리 애를 써도 가지지 못한 것들이 얼마나 많이 있습니까? 거의 손에 잡았다고 안심할 찰나 남의 수중으로 들어가 버리는 기가 막힌 일도 많이 경험하지 않습니까? 이러한 현실은 우리를 매우 고통스럽게 하고 낙심하게 만듭니다.

그러나 보이는 것은 잠깐이며 지나가는 것이라는 사실을 기억합시다. 우리에게는 보이지 않는 영원한 것이 있습니다. 바울은 그것을 바라보며 오히려 감사했습니다.

마귀가 광야에서 예수님을 시험할 때 높은 산에서 보여 준 것이 무엇이었습니까? 바로 온 천하의 아름다운 것들과 부귀 영화였습니다. 마귀는 눈에 보이는 것을 가지고 예수님을 넘어지게 하려고 했습니다(마 4:8). 왜냐하면 눈에 보이는 것이 욕심을 일으키기 때문입니다. '안목의 정욕'을 부추기는 것입니다(요일 2:16).

지금도 사탄은 성도들 앞에 이 세상의 아름다운 것들과 부귀 영화를 박람회처럼 펼쳐 보이려고 노력합니다. 눈에 보이는 것, 갖고 싶은 것, 누리고 싶은 것들을 앞세워 우리를 유혹하는 것입니다. 자칫 우리가 보이는 것만 바라보면 그런 것들을 가지지 못해서 날마다 고통스러워하며 허덕이게 될 수도 있습니다.

눈과 마음을 바꿉시다. 보이는 것에서 눈을 돌려 보이지 않는 것을 바라봅시다! "우리의 돌아보는 것은 보이는 것이 아니요 보이지 않는 것이니." '돌아본다'는 말은 단순히 보는 것을 의미하지 않습니다. 이 말은 원어로 '스코페인'인데, 이것은 어떤 대상에 눈동자를 고정시킨 채 유심히 보는 것을 말합니다. 옛날 항해하는 선원들은 야간에 바닷길에 암초가 있는지 혹은 육지가 가까워지고 있는지를 살피고자 할 때 주변에 있는 모든 불을 다 껐다고 합니다. 그것도 모자라서 손으로 눈을 가려 별빛까지 차단하고 유심히 어둠 속을 뚫어지게 쳐다보았습니다. 그렇게 해야만 앞에 무엇이 있는지를 정확하게 알게 된다는 것입니다. '돌아본다'는 것은 바로 이것을 말합니다.

지나가는 신기루 같은 현실 속에서, 안목의 정욕을 자극하는 많은 세상적인 것들 가운데서 하나님 나라의 것과 영원한 것, 보이지 않는 것을 보려면 스코페인(skopein)의 눈을 가져야 합니다. 믿음의 눈을 예리하게 뜨고 주변에서 현란하게 움직이는 빛들을 모두 차단하고 유심히 그 보이지 않는 곳에 시선을 집중해야 합니다. 그렇게 할 때 드디어 영원한 것이 나를 기다리고 있다는 사실을 눈으로 확인하게 될 것입니다. 잠시 반짝하다가 꺼지는 온갖 세상 불빛으로 인해 사방을 두리번거리는 사람은 절대로 이것을 볼 수 없습니다.

내세와 영원한 세계에 대해서 확신을 가지고 계십니까? 그렇다면 집이 좀 누추하고 호화로운 가구가 없다 해도 긍지를 가지십시오. 그것들은 다 지나가는 것들입니다. 솔로몬이 말한 것처럼 그것들을 잡으려 안달하는 것은 '지나가는 바람을 잡으려는 것과 같이 헛된 것' 입니다. 그래서 하나님은 썩어 빠지고 지나가는 것에 불과한 것들을 우리가 달라는 대로 다 주시지 않는 것입니다. 그렇게 함으로써 우리가 보이지 않는 영원한 것에 믿음의 눈을 고정시키고 이 어두운 세상을 힘있게 전진해 나가는 아름다운 천국 백성이 되게 하시려는 것입니다. 하나님이 우리에게 이와 같은 놀라운 소망을 주셨습니다.

소망이 없는 사람은 자멸할 수밖에 없습니다. 필라델피아의 한 지역에서 있었던 일입니다. 라버트와 파울라라는 사십대 부부가 있었습니다. 그들은 무척 부유하게 살고 있었는데, 어느 날 아내인 파울라가 경찰서에 전화를 했습니다. 그녀는 "여보세요. 방금 제가 남편을 쏘아 죽였어요. 남편이 자꾸 자기를 죽여 달라고 했답니다. 이제 저도 죽으려고 합니다. 함께 죽기로 약속했거든요. 우리가 죽고 난 뒤 뒷처리를 부탁드립니다. 다른 사람을 보내도 소용없어요"라고 말하고는 전화를 끊어 버렸습니다. 경찰관이 허겁지겁 달려갔지만 이미 남편과 함께 그 부인은 죽어 있었습니다. 유서가 발견되었는데 거기에 이런 내용이 적혀 있었다고 합니다. "우리는 미래에 대한 소망이 전혀 없습니다. 그러므로 우리는 죽습니다."

소망이 없는 사람은 죽음밖에 자초할 것이 없습니다. 보이는 것만 갈망하고 허덕이다가 나중에는 그것이 아무것도 아니란 것을 알게 되면 절망과 낙담 속에서 헤어나지 못하는 것입니다.

오랫동안 기도해 왔지만 해결의 실마리조차 보이지 않는 고통스러운 문제가 있습니까? 나이가 들어 점점 몸이 늙어 가고 있습니까? 성취하고 싶었지만 이루지 못하고 좌절감에 빠져 있습니까? 절대 낙심하지 마십시오. 하나님의 자녀에게는 그런 것이 문제 되지 않습니다. 우리를 기다리는 영원한 영광을 바라보십시오. 겉사람이 후패해도 우리의 속사람이 날로 새로워지고 있습니다. 보이는 것은 다 지나가지만 보이지 않는 영원한 것이 우리를 기다리고 있습니다. 그러므로 낙심하지 말고 날마다 그리스도인으로서 긍지를 가지고 삽시다. 하나님을 찬양하며 용기 있게 삽시다.

충성스런 삶이 열매를 맺습니다

명절에 예배하러 올라온 사람 중에 헬라인 몇이 있는데 저희가 갈릴리 벳새다 사람 빌립에게 가서 청하여 가로되 선생이여 우리가 예수를 뵈옵고자 하나이다 하니 빌립이 안드레에게 가서 말하고 안드레와 빌립이 예수께 가서 여짜온대 예수께서 대답하여 가라사대 인자의 영광을 얻을 때가 왔도다 내가 진실로 진실로 너희에게 이르노니 한 알의 밀이 땅에 떨어져 죽지 아니하면 한 알 그대로 있고 죽으면 많은 열매를 맺느니라 자기 생명을 사랑하는 자는 잃어버릴 것이요 이 세상에서 자기 생명을 미워하는 자는 영생하도록 보존하리라 사람이 나를 섬기려면 나를 따르라 나 있는 곳에 나를 섬기는 자도 거기 있으리니 사람이 나를 섬기면 내 아버지께서 저를 귀히 여기시리라 지금 내 마음이 민망하니 무슨 말을 하리요 아버지여 나를 구원하여 이때를 면하게 하여 주옵소서 그러나 내가 이를 위하여 이때에 왔나이다 아버지여 아버지의 이름을 영광스럽게 하옵소서 하시니 이에 하늘에서 소리가 나서 가로되 내가 이미 영광스럽게 하였고 또다시 영광스럽게 하리라 하신대 곁에 서서 들은 무리는 우뢰가 울었다고도 하며 또 어떤이들은 천사가 저에게 말하였다고도 하니 예수께서 대답하여 가라사대 이 소리가 난 것은 나를 위한 것이 아니요 너희를 위한 것이니라 이제 이 세상의 심판이 이르렀으니 이 세상 임금이 쫓겨나리라 내가 땅에서 들리면 모든 사람을 내게로 이끌겠노라 하시니 이렇게 말씀하심은 자기가 어떠한 죽음으로 죽을 것을 보이심이러라.   요한복음 12 : 20~33

예수님의 종으로서 우리 역시 주님처럼 세상을 구원하시려는 하나님의 뜻을 이루기 위해 충성을 다해야 합니다. 다시 말해 세상에 복음을 전하여, 아직도 예수를 모른 채 죄에 빠져 죽어 가는 불쌍한 영혼들을 하나님 앞으로 인도하는 일에 전심전력해야 한다는 것입니다.

어린 시절부터 어른들을 따라서 수없이 불렀던 찬송가들 중에 지금도 부를 때마다 진한 감동에 빠져 들게 하는 찬송이 하나 있습니다. 블랜디(Blandy)가 작곡한 "예수 나를 오라 하네"라는 찬송입니다. 어릴 때는 무슨 내용인지도 모르고 어른들을 따라 불렀지만 나중에 철이 들어 그 가사에 담긴 심각한 뜻을 조금이나마 알게 된 후로는 비장한 각오를 가지고 이 찬송을 불렀던 기억이 납니다.

예수 나를 오라하네 / 예수 나를 오라하네
어디든지 주를 따라 / 주와 같이 가려네.

원래의 영어 가사를 보면 훨씬 더 실감나는 내용입니다. "십자가를 지고 나를 좇으라고 하시는 주의 부르심 들리네. 그가 인도하는 대로 어디든 나는 가리라. 항상 그와 함께 가리라."
2절 가사는 훨씬 더 비장합니다.
"겟세마네 동산까지 / 주와 함께 가려 하네 / 피땀 흘린 동산까지 / 주와 함께 가려네."
가사의 의미를 깊이 깨닫고 있지 못하는 사람이라 할지라도 죽음을 각오하고 부르지 않으면 안될 것 같은 심정을 느끼게 만드는 가사입니다.

나를 따르라

본문 말씀은 이 찬송가 가사와 깊은 연관을 가지고 있습니다. 예수님은 유월절을 지키시려고 예루살렘에 모인 군중들을 앞에 놓고, 특히 자신이 예루살렘에 입성할 때 "호산나 이스라엘 왕이여!"라며 환호하던 그 군중들을 앞에 놓고 비장한 말씀을 한마디 하셨습니다. "사람이 나를 섬기려면 나를 따르라!" 다시 말하면 "너희가 나를 섬기려고 하면 나를 따라오라"는 말씀이었습니다. 우리를 긴장감에 휩싸이게 하기에 충분한 말씀입니다. 죽음을 앞두고 하신 말씀이기 때문이기도 하지만, 결코 단순하다고만 볼 수 없는 내용을 담고 있다는 것을 쉽게 알 수 있기 때문입니다.

우리 가운데는 이 말씀을 받을 수 있을 만큼 영적으로 성숙한 사람들이 많이 있을 것입니다. 그러나 이 말씀을 기쁘게 받지 못하고 부담스러워하는 믿음 약한 분들도 상당수 있으리라 봅니다.

일반적으로 현대 교회 성도들은 "예수님을 믿으십시오"라는 말은 부담 없이 받습니다. 예수님을 하나님 나라의 왕으로 믿고 고백하는 것은 아주 쉽게 합니다. 그러나 "예수님을 섬기기를 원합니까? 주님을 따라갈 각오가 되어 있습니까?"라고 물으면 매우 부담스러워하며 괴로워합니다. 그렇다고 그들이 예수님을 부인하는 것은 아닙니다. 나름대로 크고 작은 일들로 봉사하느라 교회를 제집 드나들듯 하기도 합니다. 그럼에도 예수님을 섬기며 따라야 한다는 말에는 마음을 활짝 열지 않는 것입니다. 예수님께 나아와 쉼을 얻기 바라면서도 예수님이 메라고 하시는 멍에는 별로 메고 싶어하지 않습니다. 그래서 주님의 십자가를 지고 그를 따라가는 일에는 가능하면 뒷전에 서려고 합니다.

그러나 이것은 참으로 모순된 행동이 아닐 수 없습니다. 예수님이 어린 나귀를 타고 예루살렘으로 들어오실 때 무리가 뭐라고 소리쳤습니까? 손을 들고 "호산나 이스라엘의 왕이시여!" 하며 환호하지 않았습니까? 여기서 '이스라엘의 왕'이라는 말은 팔레스타인에 있는 작은 영토의 왕이라는 뜻이 아닙니다. 하나님이 세우시는 하나님 나라의 왕이라는 말이요, 전

우주를 다스리는 영원하신 왕이라는 말입니다. 우리 중에 그들의 고백을 우리 자신의 고백으로 받아들이지 않는 사람은 아무도 없습니다. 모두들 예수님을 왕으로 믿고 고백은 합니다. 그렇다면 당연히 왕 되신 예수님을 따르고 섬겨야 하지 않겠습니까? 입으로는 예수님을 왕으로 믿고 고백한다고 하면서 실제로는 그분을 섬기고 따르기를 부담스러워하거나 달가워하지 않는다면 과연 그의 백성이 될 자격이 있다고 말할 수 있겠습니까?

당선 가능성이 높은 대선 주자들 주변에는 대학 교수들과 세계 명문대 석박사 학위를 가진 석학들이 많습니다. 정치학을 전공한 사람은 정치 분야를 지원하고, 경제학을 전공한 사람은 경제 분야를 지원하고, 기타 자기 전공을 따라 적절한 영역을 맡아 봉사합니다. 그들은 어떤 경우에는 연구 보고서를 작성하느라 며칠 밤을 새기도 합니다. 월급이나 보수를 받고 그렇게 열심히 봉사하는 것이 아닙니다. 순전히 무보수로 일합니다. 그러나 우리는 왜 그들이 그렇게 헌신적으로 봉사하는지를 잘 알고 있습니다. 그들은 자신들이 섬기는 인물이 대권을 손에 쥘 날이 온다는 것을 믿기 때문입니다. 그가 누리게 될 영광이 곧 자신의 영광이 될 수 있다고 믿기 때문입니다.

한 나라의 대통령이 되고자 하는 사람을 위해서도 헌신하려는 사람들이 이와 같이 줄지어 서는데, 영원한 영광의 나라의 왕이 되실 예수님을 믿는다는 자들이 그분을 섬기고 따르기를 자원하지 않는다면 그가 아무리 멋진 신앙 고백을 한다고 해도 그의 믿음을 정상적인 것이라 보기는 어렵습니다. 이는 상식적으로도 안 통하는 이야기입니다.

과연 이 세상의 대통령에게 우리의 소망을 둘 수 있을까요? 그가 우리의 미래를 책임질 수 있을까요? 결코 그렇지 않습니다. 어쩌면 우리는 새 대통령을 뽑아 놓고 반년이 채 가기도 전에 실망하며 불평불만을 늘어놓을지도 모릅니다. 그렇다면 우리가 어디서 꿈과 미래를 찾을 수 있습니까? 하나님 나라입니다. 예수님이 지극히 높은 보좌에 앉으셔서 정의와 사랑과 자비로 다스리시는 영원한 나라입니다. 사망도 없고, 아픔도, 눈물도 없는 그 나라만이 우리의 꿈이요 소망입니다. 그렇다면 우리가 누구를 섬기고 따라야 할지는 너무나 자명하지 않습니까?

이 세상은 이미 몰락의 길로 달려가고 있습니다. 본문 31절을 보십시오. 예수님은 분명히 말씀하셨습니다. "이제 이 세상의 심판이 이르렀으니 이 세상 임금이 쫓겨나리라." 이 세상에 하나님의 심판이 임하였다는 것입니다. 이 세상의 임금 사탄은 자기의 때가 얼마 안 남은 줄 알고 최후의 발악을 하고 있습니다. 이 세상의 임금들은 사탄의 권세 아래서 온갖 부정과 압제를 자행하며 자기의 욕심을 채웁니다. 그러나 그 역사는 결코 오래가지 못할 것입니다. 이 세상의 정권치고 무너지지 않는 정권은 하나도 없습니다. 우리가 이런 세상 나라와 그 임금을 위해 몸바칠 이유가 어디에 있습니까?

하나님 나라는 이 세상 나라와는 근본적으로 다릅니다. 32절을 보십시오. 예수님은 이렇게 말씀하셨습니다. "내가 땅에서 들리면 모든 사람을 내게로 이끌겠노라."

'땅에서 들린다'는 말씀은 일차적으로 주님께서 십자가에 달려 돌아가실 것을 예언하고 있습니다. 동시에 사망을 이기고 부활하신 주님이 승천하사 하나님의 우편에 앉으실 것을 의미합니다. 다시 말해서, 예수님이 하나님 나라의 왕으로 등극하실 것을 가리키고 있습니다. 조금 있으면 주님께서 이 세상을 심판하려고 재림하실 것입니다. 그리고 모든 족속 중에서 구원받은 백성들이 구름 떼와 같이 주님 앞으로 몰려들 것입니다. 드디어 우리가 대망하던 하나님 나라가 우리 눈 앞에 활짝 열리게 되는 것입니다. 그 나라는 영원한 나라입니다. 그 나라는 완전하고 눈물과 고통이 없는 행복한 나라입니다. 그렇다면 우리가 어느 나라 임금을 섬기고 따라야 하겠습니까?

수년을 믿었음에도 입으로는 예수를 믿는다고 청산유수처럼 말하지만 "예수님을 섬기고 따르십시오"라는 말을 부담스러워하는 분이 계신다면 저는 감히 이렇게 권고하고 싶습니다. "안 믿는 것보다는 나을지 모르지만 세상 끝 날까지 그런 믿음 가지고 살 생각은 추호도 하지 마십시오."

종이 되라

예수님은 자신을 둘러싼 무리들에게 이렇게 말씀하셨습니다. "사람이 나를 섬기려면 나를 따르라!" 여기서 '섬긴다'는 말은 헬라어로 '디아코네오'로 '집사가 되다'라는 뜻입니다. 집사는 시중드는 종을 가리킵니다. 따라서 주님의 말씀은 다시 이렇게 풀이될 수 있을 것입니다. "종이 되어 나를 섬기기를 원하는가? 그렇다면 나를 따르라!" 저는 '나를 따르라'는 주님의 말씀에는 적어도 두 가지 의미가 내포되어 있다고 봅니다.

첫째로, 이 말씀은 예수님 자신처럼 종이 되어야 한다는 뜻입니다. 우리가 잘 알다시피 예수님은 이 세상에 귀족이나 왕자처럼 고귀한 신분으로 오시지 않았습니다. 주님은 하늘 보좌에서 하나님으로서 누리던 그 모든 영광을 다 버리시고 사람의 몸을 입고 종의 모양으로 이 땅에 오셨습니다(빌 2:6~7). 죄와 사망의 권세 아래 짓눌리는 우리를 구원하시기 위해 친히 종의 모습으로 내려오신 것입니다. 그리고 이 세상에 계실 동안 하나님께 죽도록 충성하는 종으로 사셨습니다. 그는 이따금 자신을 가리켜 '종'으로 표현하시기도 했습니다. 누가복음 22장 27절을 보십시오. "나는 섬기는 자로 너희 중에 있노라." 예수님은 이 세상에서 시종일관 종의 삶을 사셨습니다. 스승 되신 주님이 우리를 구원하시려고 한평생을 종으로 사셨다면 그의 제자 된 우리 역시 종으로 살아가야 하는 것은 당연합니다. 제자라면 당연히 스승을 본받아야 하는 것입니다.

예수님이 종으로서 하나님께 얼마나 철저히 순종하셨는지는 본문 27절에 잘 나타나 있습니다. 그분은 십자가의 죽음을 몇 시간 앞두고 계셨습니다. 인간치고 죽음 앞에서 두려운 마음이 들지 않는 사람은 아무도 없습니다. 예수님도 인간의 몸을 입고 계셨기에 마찬가지였습니다. 그분은 자신의 마음을 이렇게 표현했습니다. "지금 내 마음이 민망하니 무슨 말을 하리요." 말로 다 표현할 수 없을 정도로 마음이 두렵고 답답하다는 것입니다.

그래서 주님은 하나님 아버지 앞에 이렇게 기도하시기까지 했습니다. "아버지여 나를 구원하여 이때를 면하게 하여 주옵소서." 할 수만 있으면 십자가를 지지 않게 해달라는 기도입니다. 이것이 예수님의 솔직한 심정이었습니다. 그럼에도 예수님은 하나님의 뜻을 전적으로 따르겠다고 고백했습니다. "내가 이를 위하여 이때에 왔나이다." 이는 자기가 십자가에 죽는 것이 하나님이 기뻐하시는 뜻이라면 그것을 피하지 않겠다는 뜻입니다.

이와 같이 종으로서 죽기까지 순종하신 예수님은 더 나아가 자기를 따르는 우리들에게도 종이 될 것을 요구하셨습니다. 예수님은 누가복음 17장 7절 이하에서 종의 일상을 비유로 들며 우리가 얼마나 철저하게 종이 되어야 하는지를 가르쳐 주셨습니다. 이 비유를 쉽게 이해하기 위해서는 우리에게 익숙한 '머슴'을 생각해 볼 필요가 있습니다. 제가 어릴 적만 해도 우리 나라에는 '머슴'이라는 신분을 가진 사람들이 꽤 많았습니다. 한창 바쁜 농번기가 되면 머슴뿐만 아니라 주인까지 하루 종일 들에서 일을 합니다. 해가 져 어두워지면 주인과 머슴이 다 집으로 돌아옵니다. 주인은 집에 들어서자마자 우물가로 가서 몸을 깨끗이 씻은 후 새 옷으로 갈아입고 저녁 상을 기다립니다. 그러나 머슴은 사정이 다릅니다. 그는 하루 종일 들에서 일하고 돌아왔다고 해서 마루에 걸터앉아 마음놓고 쉬고 있을 수 없습니다. 여자들은 당장 부엌으로 들어가서 불을 때고 저녁을 지어야 하고, 남자들은 농기구를 정리해서 헛간에 들이고 장작을 패거나 물을 나르는 등 기타 허드렛일을 해야 합니다. 그러다 보면 앉아서 쉬기는커녕 얼굴 한번 제대로 씻을 틈도 없습니다.

저녁밥이 다 준비되면 상을 차려서 날라야 합니다. 그리고 곁에 대기하고 있다가 밥이나 반찬이나 물을 가져오라는 주인의 잔심부름 시중도 들어야 합니다. 머슴들은 주인 식구들이 식사를 다 끝내고 편안히 쉴 때에야 비로소 부엌 구석에 쭈그리고 앉아 허기진 배를 채울 수 있습니다. 그렇다고 해서 여유 있게 노닥거리며 밥을 먹을 수 있는 것도 아닙니다. 먹고 나면 산더미 같은 설거지 그릇들이 기다리고 있습니다. 이 모든 일을 다 끝내야만 드디어 몸을 씻고 자리에 누울 수 있습니다. 이게 머슴의 삶입니다.

그렇다고 해서 주인이 그에게 수고했다고 말하지 않습니다. 머슴은 원래 그렇게 사는 게 당연하다고 생각하기 때문입니다. 이것은 종의 입장에서도 마찬가지입니다. 누가복음 17장 10절을 보십시오. "이와 같이 너희도 명령 받은 것을 다 행한 후에 이르기를 우리는 무익한 종이라 우리의 하여야 할 일을 한 것뿐이라." 종으로 당연히 해야 할 일을 한 것뿐이라고 여기는 사람은 무슨 사례나 칭찬을 바라지 않는 법입니다. 주인이 매정하다고 섭섭해 하지도 않습니다. 이런 자세를 가지고 섬기는 자가 바로 종입니다. 예수님은 지금 우리 모두가 이와 같은 종의 마음가짐과 자세를 가지고 섬길 것을 교훈하고 계시는 것입니다. 왜냐하면 자신이 세상에서 하나님을 위해 그렇게 사셨기 때문입니다.

세상을 구원하는 일

그러면 예수님은 세상에서 무슨 일을 위해서 종으로 충성하셨을까요? 요한복음 6장 38~39절에 그 대답이 나와 있습니다. "내가 하늘로서 내려온 것은 내 뜻을 행하려 함이 아니요 나를 보내신 이의 뜻을 행하려 함이니라 나를 보내신 이의 뜻은 내게 주신 자 중에 내가 하나도 잃어버리지 아니하고 마지막 날에 다시 살리는 이것이니라."

예수님은 하나님 아버지의 뜻을 행하는 일에 충성하셨다는 것입니다. 아버지의 뜻이란 하나님이 만세 전에 택하사 아들에게 주신 모든 사람들을 하나도 빠짐없이 구원하는 것이었습니다. 마태복음 18장 14절에서는 또 이렇게 말씀하셨습니다. "이와 같이 이 소자 중에 하나라도 잃어지는 것은 하늘에 계신 너희 아버지의 뜻이 아니니라." 어린아이 하나라도 구원받지 못하고 멸망당하는 것은 하나님의 뜻이 아니라는 것입니다. 예수님은 어린아이 하나까지도 빠짐없이 구원하시고자 충성을 다하셨습니다.

유월절을 지키기 위해 예루살렘에 온 헬라 사람들이 빌립을 통해 면회를 요청해 오자 주님은 흥분을 감추지 못하시고 이렇게 말씀하셨습니다. "인자의 영광을 얻을 때가 왔도다." 이 말씀을 하시는 주님의 얼굴이 기쁨으로 환하게 빛나는 것을 상상할 수 있습니다. 헬라 사람 몇 사람이 자기를 만나고 싶어한다는 것이 무슨 대단한 일이라고 주님이 이렇게 흥분하셨던 것일까요? 장차 이루어질 일을 내다보셨기 때문입니다. 예수님 자신이 십자가에서 돌아가시고 부활하셔서 하나님 우편에 앉으시면 그때부터 모든 민족이 하나님 나라로 들어오는 문이 열리게 될 것입니다. 세계의 모든 백성들이 하나님 앞으로 돌아오는 시온의 대로가 활짝 열리게 될 것입니다.

헬라 사람들의 면회 요청은 단순한 사건이 아니었습니다. 성경에서 헬라인은 유대인을 제외한 모든 인류를 대표하고 있습니다. 그들의 방문은 머지않아 모든 족속에게 구원의 문이 활짝 열리게 될 것을 예견하는 사건이었습니다. 주님은 이 일이 성취될 그 날이 가까이 왔음을 보시고 "인자가 영광을 얻을 때가 왔도다!" 하고 기뻐하셨던 것입니다. 예수님은 온 세상을 구원하는 일을 그만큼 소중히 여기고 계셨던 것입니다.

예수님의 종으로서 우리 역시 주님처럼 세상을 구원하시려는 하나님의 뜻을 이루기 위해 충성을 다해야 합니다. 다시 말해 세상에 복음을 전하여, 아직도 예수를 모른 채 죄에 빠져 죽어 가는 불쌍한 영혼들을 하나님 앞으로 인도하는 일에 전심전력해야 한다는 것입니다.

세상에서 영원히 저주받은 영혼을 구원하여 생명을 얻게 하는 일보다 더 중요한 일은 없습니다. 인간 사회에서 사람이 태어나고 죽는 것도 중요한 일입니다. 그러나 하나님의 진노 아래 영원히 멸망할 수밖에 없는 자를 예수님께로 인도해서 하나님의 자녀가 되게 하는 것만큼 중요하지는 않습니다. 우리가 사업에 성공해서 이름을 날리는 것도 중요합니다. 그러나 이 세상을 구원하시려는 하나님의 뜻을 이루는 것과 비교하면 아무것도 아닙니다. 이 세상에서 하나님 나라와 그의 의를 구하는 것보다도 더 앞세워야 할 소중한 일은 없습니다.

이런 의미에서, 선교사가 되어 자기의 젊음을 송두리째 불태우며 복음 전하는 일에 헌신하는 사람들만큼 위대한 사람은 없을 것입니다. 세상 사람들은 그들을 멸시하고 조롱할지 모르지만 하나님이 보시기에 선교사나 전도자들 만큼 큰 존재는 없습니다. 왜냐하면 그들은 하나님이 가장 중요하게 여기시고 앞세우시는 일에 충성하는 사람들이기 때문입니다.

우리가 가정에 우선권을 두고 정성을 쏟으면 평범하지만 행복한 가정 생활을 누릴 수 있습니다. 학문에 생명을 걸고 노력하면 세계적으로 명성을 날리는 학자가 될 수 있습니다. 사업에 모든 정력과 시간을 쏟으면 기업가로서 기반을 든든히 닦아 남부럽지 않은 부유한 생활을 할 수 있습니다. 이 모든 일들이 다 중요합니다. 그러나 우리가 분명히 알아야 할 것은 그 일 자체만으로는 무의미하다는 사실입니다. 행복한 가정 자체로는 의미가 없습니다. 내가 명성을 얻게 된 학문 그 자체로는 의미가 없습니다. 내가 사업에서 이룬 성공 그 자체로는 의미가 없습니다.

이 모든 것들이 의미 있고 보람 있는 것이 되려면 하나님이 가장 중요하게 여기시는 그 일과 연관되어야 합니다. 우리가 왜 가정을 소중히 여겨야 합니까? 이웃 사람들이 우리 가정을 통해 예수님을 알 수 있기 때문입니다. 우리가 왜 신앙적인 분위기를 가지고 자녀들을 잘 키우려고 합니까? 이 자녀가 다음에 자라서 훌륭한 지도자가 되면 그를 통해서 하나님 나라와 영광이 온 누리에 충만하게 될 것이기 때문입니다. 우리가 왜 사업을 하기 위해 밤낮 정신없이 뛰어다닙니까? 하나님이 물질을 주시면 그 물질 가지고 복음 사업을 위해서 기쁘게 쓸 수 있기 때문입니다. 우리가 운영하는 사업장에서 일하는 수많은 불신자들을 예수님 앞으로 인도할 수 있는 좋은 기회를 만들기 위해서입니다. 이와 같이 세상을 구원하는 일이 우리의 사업이나 가정, 학문과 연계될 때 우리의 삶 전부가 하나님께 드려지는 산 제사가 될 수 있는 것입니다.

안타깝게도 많은 그리스도인들이 이와 같은 진리를 제대로 알지 못하고 있는 것 같습니다. 골로새서 3장 24절에서 바울은 노예 생활을 하는 사람들에게 이렇게 말했습니다. "너희는 주 그리스도를 섬기느니라." 노예가 섬기는 자는 자기 주인이지 예수 그리스도가 아닙니다. 그럼에도 바울이 그렇게 말한 이유가 있습니다. 그들은 예수를 믿고 거듭난 후에 자기 동료들을 예수 믿게 했습니다. 그들 가운데서 좀 똑똑한 사람들은 가정교사 노릇을 하면서 주인의 자녀들을 예수 믿게 했습니다. 이 자녀들을 통해서 주인이 예수를 믿게 되는 경우도 많았습니다. 로마 제국이 300년 동안 기독교를 핍박했지만 이러한 복음 사역은 끊임없이 이어져 나중에는 천하의 박해자 네로 황제의 주변 사람들 가운데서도 예수 믿는 자가 상당수 생겨났을 정도가 되었습니다. 이런 고위층에 있는 사람들에게까지 복음이 전달된 루트는 바로 이들 노예였습니다. 이들을 통해 퍼지게 된 복음은 드디어 300년 후에 대제국 로마를 완전히 삼키기에 이르렀던 것을 우리는 역사를 통해 분명히 알고 있습니다.

자신이 아무리 신분과 직업이 비천한 노예라 할지라도 하나님 나라를 위해, 이 세상에 복음을 전하기 위해 자기의 삶을 이용하니까 노예 생활 자체가 주님을 섬기는 가치 있는 삶이 된 것입니다.

이 말씀이 우리에게 주는 중요한 교훈이 있습니다. 우리의 삶이 주님을 섬기는 것이 되어야 한다는 것입니다. 여러분의 가정과 직업, 재능, 젊음, 재물이 주님께서 죽도록 충성하셨던 세상을 구원하는 일에 직간접으로 사용되고 있습니까? 그렇다면 여러분의 삶은 하나님이 기뻐하시는 의미 있는 삶이요, 주님을 섬기는 삶이라 할 수 있습니다.

그러나 세상을 구원하는 일과는 별로 관계 없는 삶을 살고 계십니까?

그렇다면 당신은 "나를 따르라"고 하시는 주님의 명령을 거부하고 있는 것입니다. 세상을 구원하려고 하시는 하나님의 뜻을 이루기 위해 예수님처럼 종 되기를 싫어하는 자는 주님을 따르지 않는 사람입니다. 그렇게 살다 나중에 주님 앞에 무슨 면목으로 설 수 있겠습니까?

썩는 밀알이 되라

"나를 따르라"는 말씀은 예수님 자신처럼 썩는 밀알이 되어야 한다는 뜻입니다. 예수님은 이 세상에 계실 때 한 알의 썩는 밀알로 하나님을 섬기셨습니다. 다시 말해서 죽도록 충성하셨습니다. 24~25절을 보십시오. "내가 진실로 진실로 너희에게 이르노니 한 알의 밀이 땅에 떨어져 죽지 아니하면 한 알 그대로 있고 죽으면 많은 열매를 맺느니라 자기 생명을 사랑하는 자는 잃어버릴 것이요 이 세상에서 자기 생명을 미워하는 자는 영생하도록 보존하리라." 이것이 예수님이 종으로 충성하신 방법입니다. 그러므로 "나를 따르라"는 말씀은 우리도 예수님처럼 썩는 밀알이 되어야 한다는 뜻인 것입니다.

시골에서 자라면서 늦가을이 되면 아버지께서 밭에 보리 종자를 뿌리는 것을 많이 보았습니다. 씨앗들은 흙 속에 떨어져 있다가 혹한이 오기 전에 파릇파릇 돋아나기 시작합니다. 그리고 그 잎새들은 작고 가냘픈 모습으로 한겨울을 난 다음 봄기운이 도는 2월 말경부터 왕성하게 자라납니다. 저는 가끔 호기심을 못 이겨 4,5센티미터에 불과한 새싹들을 쑥 뽑아 보았습니다. 그러면 뿌리 채 딸려 올라옵니다. 그 뿌리에는 종자로 뿌려졌던 보리 껍질이 엉겨 붙어 있습니다. 그것을 손으로 만져 보면 속이

텅 비어 있습니다. 종자 속에 있던 알맹이는 새싹을 내는 데 자양분으로 다 사용되었기 때문입니다. 이렇게 자기가 썩어 싹을 틔운 한 알의 씨앗은 사오월이 되면 누런 보리 이삭들을 풍성히 맺습니다. 얼마나 멋있습니까? 땅에 떨어져 죽은 한 알의 보리알 때문에 그런 풍성한 열매를 맺을 수 있다니 말입니다.

예수님 당시 유대 나라에서는 보리보다 밀을 많이 재배하고 있었습니다. 그래서 주님은 누구나 알아들을 수 있는 썩는 밀알의 비유를 가지고 주님을 따르는 것이 어떤 의미를 가지는 말씀인지를 설명하려고 하셨습니다. 그래서 예수님은 이렇게 말씀하셨던 것입니다. "나는 많은 열매를 맺기 위해 한 알의 밀알이 되어 썩기를 원하노라. 그래서 내가 십자가에 죽노라. 내가 죽어야만 세상이 구원을 얻게 될 것이다. 구름 떼와 같이 많은 사람들이 하나님 나라에 들어가는 영광을 얻게 될 것이다. 만일 내가 십자가를 무서워하여 회피한다면 이 세상에서 한 사람도 구원받지 못할 것이다." 주님은 이 말씀을 행동에 옮기셨습니다. 그리고 당신의 제자들인 우리에게 자신의 본을 따르라고 하십니다. "내가 많은 열매를 맺기 위해 십자가에서 죽었던 것처럼 너희도 많은 열매를 얻기 위해 한 알의 썩는 밀알이 되어 죽어야 한다." "나를 따르라"는 말 속에는 이러한 요구가 담겨 있는 것입니다.

그렇다면 한 알의 썩어지는 밀알이 된다는 것은 구체적으로 무엇을 의미할까요? 본문 25절에 "자기 생명을 미워하라"는 말씀이 나옵니다. 이것은 썩는 밀알이 된다는 것이 무슨 의미인지 좀더 분명하게 보여 줍니다. 여기서 '생명'은 헬라어로 '프쉬케(psyche)'인데, '목숨'이라는 일반적인 의미 이외에도 '자아', '뜻', '의지', '소원'이라는 의미를 가지고 있습니다. 그러므로 '생명을 미워하라'는 말은 '우리의 뜻이나 소원을 부인하라' 는 의미로 볼 수 있습니다. 마가복음 8장 34절에서는 이것을 '자기를 부인하는 것'이라고 설명하고 있습니다. "아무든지 나를 따라오려거든 자기를 부인하고 자기 십자가를 지고 나를 좇을 것이니라." 예수님은 하나님의 뜻에 철저히 복종하시기 위해 자기의 소원이나 뜻은 다 부정하시고 돌아가셨습니다. 그러므로 우리가 예수님을 따르려고 한다면 우리 자신의 모든 것을 부정할 수 있어야 합니다. 이것이 곧 썩는 밀알이 되는 길입니다.

찰스 스터드는 100여 년 전에 영국에 살았던 사람으로서 갑부의 아들이자, 캠브리지 대학을 나온 수재요, 당시 최고의 인기 스포츠였던 크리켓의 대스타였습니다. 그는 가는 곳마다 사람들이 사인을 받으려고 몰려드는 바람에 식사도 제때 챙겨 먹지 못할 정도로 인기가 높았습니다. 그야말로 부와 명예를 한 몸에 누리던 젊은이였다고 할 수 있습니다.

그런데 어느 날 갑자기 그의 가정에 놀라운 변화가 찾아왔습니다. 그의 아버지가 무디로부터 전도를 받고 예수님을 믿게 된 것입니다. 자연히 그도 아버지의 영향으로 예수님을 믿게 되었습니다. 그 이후에 그의 삶은 놀랍게 변했습니다. 자기가 이제껏 누려 왔던 인기나 명문 대학 출신이라는 자부심, 집안이 부유하다는 데서 오는 만족감 같은 것들이 너무나 시시하게 여겨졌습니다. 그리고 세상을 구원하기 위해 복음을 전하는 일보다 더 보람된 일은 없다는 것을 깨달았습니다. 그는 이와 같은 깨달음을 곧바로 실천에 옮겼습니다. 이 세상을 구원하는 일에 자기의 젊음을 바치고자 선교사가 되어 중국으로 건너간 것입니다.

그러던 중 그의 아버지가 세상을 떠났고, 그는 3만 파운드가 넘는 유산을 상속받았습니다. 그 당시 파운드의 가치가 어느 정도였는지 잘 알 수 없지만 엄청난 유산이었던 것은 분명합니다. 그러나 그는 자기가 받은 유산을 모두 무디 성경 학교와 조지 뮬러의 고아원과 허드슨 테일러의 선교 단체에 헌금했습니다. 그는 중국에서 만나 결혼한 아내와 함께 중국에서 18년 동안을 선교사로 헌신했으며, 이후 6년 동안을 인도에서 선교사로 사역했습니다.

이렇게 장기간 자기 몸을 돌보지 않고 선교하다 부부가 다 중한 병을 얻게 되었습니다. 그래서 그들은 요양차 영국으로 귀국했습니다. 영국에 돌아온 지 얼마 되지 않은 어느 날, 스터드는 어떤 집회에 참석했다가 그곳에 붙어 있던 포스터를 보고 적지 않은 충격을 받았습니다. 그 포스터에는 이런 글귀가 적혀 있었습니다. "식인종이 선교사를 기다립니다!" 당시 그는 선교사로 나갈 수 있는 형편이 아니었습니다. 그는 중국에서 일을 시작하면서 천식을 앓게 되어 15년 동안을 고생해온 터라 몸이 몹시 허약해져 있었습니다. 게다가 나이도 벌써 50을 넘어서고 있었습니다.

그가 아프리카로 가려고 하자 주변에 있던 거의 모든 사람들이 만류했습니다. 그의 부인조차 말렸습니다. 그러나 아무도 하나님께서 자기를 아프리카 선교사로 부르신다는 그의 확신을 꺾을 수 없었습니다. 그는 만류하는 자기 아내에게 이렇게 말했다고 합니다. "천식으로 인해 지난 15년 동안 겪은 고통을 어떻게 말로 다 설명할 수 있겠소? 밤낮을 가리지 않고 찾아오는 고통은 죽음의 고통이나 다를 바 없었소. 더군다나 내 몸은 허약해질 대로 허약해진 상태요. 왜 내게 이제는 쉬고 싶다는 그런 유혹이 없겠소? 그러나 그리스도를 위해 나는 잠시라도 쉴 수가 없소."

그는 병든 아내를 영국에 남겨둔 채 아프리카 수단으로 떠났습니다. 그것은 목숨을 거는 도박이나 다름없었습니다. 그러나 그는 마가복음 8장 35절 말씀을 굳게 붙잡았습니다. "누구든지 나와 복음을 위하여 제 목숨을 잃으면 구원하리라." 이렇게 자기를 완전히 제단에 올려 놓은 신실한 종을 하나님이 신실하게 대우하지 않으실 리가 없습니다. 한번은 그가 말라리아가 창궐하는 정글을 헤치고 지나가게 되었는데, 29마리의 당나귀 중 25마리가 죽고 4마리만 살아 남는 기가 막힌 일이 벌어졌습니다. 그러나 그는 그런 와중에서도 말라리아에 걸리지 않고 살아 남았습니다. 하나님이 죽음의 정글에서 그를 지켜 보호하신 것입니다. 더군다나 그는 70세가 되기까지 무려 20년 동안을 아프리카 선교에 헌신하며 수많은 영혼을 구원했습니다. 지금도 그의 사역은 그가 창설한 WEC 선교회에 소속된 1,800명의 선교사들에 의해 계속되고 있습니다.

그는 아프리카에서 영국에 있는 아내에게 이런 편지를 썼습니다. "당신에게 건강을 줄 수 없는 의사를 멀리하고 예수님께 상의해 보는 게 어떻소? 사랑하는 이여. 예수님께 가서 그분께 당신을 드리시오. 그러면 나와 함께 세계를 돌며 수많은 사람들을 주님께로 인도할 수 있을 것이오. 반드시 그러리라는 것을 믿고 있소. 예수님을 믿는 믿음 외에 나와 당신이 살아야 할 다른 길은 없다오."

누가 예수님의 제자입니까? 제자도의 알파와 오메가는 무엇입니까? 주님을 따르는 것입니다. 주님은 우리에게 자기를 따르는 길은 한 가지밖에 없다고 말씀하십니다. 그것은 내가 죽는 것이라고 합니다. 나의 뜻, 나의 꿈, 나의 욕심, 나의 고집, 그 무엇이든지 주님의 뜻에 반하는 것은 다 죽어야 한다고 합니다. 더 높은 생의 기쁨을 위해서는 땅에 속한 것을 포기하라고 합니다. 하나님께 집중하기 위해서는 나의 모든 것을 부인하라고 합니다. 주님이 기뻐하시면 자기 목숨까지라도 내놓을 수 있어야 한다고 합니다. 주님의 영광을 위해 내 영광을 버리라고 합니다. 주님의 뜻을 위해 내 뜻을 포기하라고 합니다. 주님의 나라가 이 땅 위에 이루어지도록 하기 위해서는 나의 짧은 한 생을 주님의 제단에 올려 놓으라고 합니다.

이것이 바로 썩는 밀알이 되는 것이요, 예수님을 섬기기 위해서 따르는 것이라고 합니다.

우리가 이러한 삶을 살 때 많은 열매를 맺게 될 것입니다. 여러분 가운데 몇 년을 믿어도 열매를 맺지 못하는 분이 계시다면 자신의 삶을 되돌아보시기를 바랍니다. 열매가 없다는 것은 내가 살아 있다는 증거이기 때문입니다. 하나님은 우리가 과실을 많이 맺는 생활을 하기 원하십니다. 열매를 많이 맺는 삶은 하나님의 뜻을 이루는 삶이요, 하나님께 영광을 돌리는 삶입니다(요 15:8).

주님은 이와 같이 죽도록 충성하는 자에게 두 가지 보상을 약속하셨습니다. "나 있는 곳에 나를 섬기는 자도 거기 있으리니." 주님이 계신 곳에 함께 있게 해주시겠다는 약속입니다. "내 아버지께서 저를 귀히 여기시리라." 하나님께서 귀하게 여겨 주신다는 약속입니다. 요한복음 17장 24절도 이와 비슷한 약속을 들려주십니다. "내게 주신 자도 나 있는 곳에 나와 함께 있어 아버지께서 창세 전부터 나를 사랑하시므로 내게 주신 나의 영광을 저희로 보게 하시기를 원하옵나이다." 주님이 영광을 누리시는 곳에서 주님을 위해 썩는 밀알처럼 헌신한 자들도 그 영광에 함께 동참하게 해주신다는 것입니다.

우리는 예수를 위해 죽도록 충성해야 하는 종입니다. 예수님께서 친히 썩는 밀알로 희생하신 것처럼 우리도 희생하라고 말씀하십니다. 그래서 많은 열매를 맺으라고 하십니다. 우리가 주부든, 학생이든, 사회인이든, 직장인이든 상관이 없습니다. 어디에서 무슨 일을 하든지 우리는 이 세상을 구원하는 귀한 일에 쓰임받는 종이 될 수 있습니다. 한 번밖에 없는 우리 인생입니다. 이 세상의 망할 나라를 위해 헌신하겠습니까? 아니면 장차 다가올 영원한 나라를 위해 열매 맺는 일에 헌신하겠습니까? 지금이라도 늦지 않습니다. 나중에 후회하지 말고 지금부터라도 하나님께서 기뻐하시는 그 일을 시작합시다. 우리의 젊음과 지식, 재물, 시간, 이 모든 것을 세상을 구원하는 일을 위해 사용합시다. 그러면 우리의 삶이 하나님 앞에 복되고, 수많은 영혼들을 하나님 앞으로 인도하는 빛나는 삶이 될 것입니다.

우리는 가장 영광스러운 일에 부름받은 예수의 제자들입니다. 자신의 신분을 한시도 잊지 맙시다. 함부로 살다 그만둘 인생이 아닙니다. 예수를 따르는 제자로서 그 신분에 걸맞는 인생을 살다가 주님 앞에 서야 합니다. "잘하였도다 착하고 충성된 종아!"라고 하시는 칭찬을 꼭 들을 수 있어야 합니다.